sobinfluenciaedições

7	Prólogo
13	*La mar*
19	A dignidade da matéria
29	Sem sujeito
42	Comunas alquímicas
50	O livro mudo
62	Repetição, metamorfose, roubo
77	Radicaos
95	Contra a origem, contra a pureza
107	Metalquimia?
118	Acabar com(o) os livros
130	Epílogo: sopradores
142	Referências

16	DE **A HISTÓRIA METAFÍSICA, FÍSICA E TÉCNICA DO COSMOS MAIOR E MENOR**
26	**BENJAMIN E AS IDEIAS RIDÍCULAS**
39	**PUTA PURA**
47	**DE UMA ENTREVISTA IMAGINÁRIA DE MARIO LEVRERO POR MARIO LEVRERO**
56	**A TÁBUA DE ESMERALDA** *(TABULA SMARADIGNA)*
74	**UM EPIGRAMA DE *ATALANTA FUGIENS***
90	**A ESCRITA ANEXATA**
102	**MARSÍLIO FICINO SOBRE O TEMPO**
114	DAS PÁGINAS FINAIS DO TRATADO ***AURORA CONSURGENS***
125	**FAZER O SEU TEMPO**
137	**DEUS SABOREIA-SE**

*O inexprimível (aquilo que me parece
cheio de mistério e que não consigo exprimir)
constitui talvez o fundo sob o qual aquilo
que pude exprimir adquire significado.*

Ludwig Wittgenstein,
Pensamentos diversos, 1931.

Prólogo

María Pandiello[1]

No ano simbólico de 1666, o empresário e político Jean-Baptiste Colbert convencia o rei da França, Luís XIV, a criar a *Académie des Sciences*. O nascimento da instituição francesa pretendia, entre outras coisas, colocar o país na vanguarda da investigação científica em uma Europa deslumbrada com o desenvolvimento técnico e intelectual. É curioso que, já desde os primeiros momentos de sua fundação, Colbert tenha proibido explicitamente duas práticas: a primeira delas era a adivinhação astrológica, e a segunda qualquer tentativa de produzir a pedra filosofal.

Muito a contragosto, a química passou a fazer parte do elenco de matérias científicas da Academia em 1666, ainda que não tenha sido uma inclusão simples nem pacífica. Em primeiro lugar, a *chymica* ou alquimia – termos até então praticamente indistinguíveis – era uma disciplina elusiva que não se adaptava ao ideal cartesiano das matemáticas ou da geometria, disciplinas veneradas na recém-inaugurada Academia. A química tampouco tinha contornos nítidos; é significativo o fato de que não existisse uma terminologia definida para se referir a ela: tanto podia ser *chymica* quanto alquimia. Ademais, os praticantes dessa ciência formavam um grupo bastante heterogêneo; sob as asas da alquimia era possível encontrar uma disparidade fascinante: empresários arrivistas, reis hipocondríacos, médicos e eruditos da corte, mulheres iletradas com um profundo conhecimento botânico e medicinal, aristocratas em busca de remédios cosméticos, boticários, aprendizes de laboratório, falsificadoras, envenenadores, charlatães, místicos, necromantes etc... Sem dúvida, a *chymica* carecia de uma identidade digerível para a Academia, já que não só atravessava distintos estamentos sociais, mas também era cultivada em contextos diversos e com inúmeras finalidades.

A entrada da *chymica* na Academia comportava, ademais, outros dilemas morais intrínsecos à suja e fedorenta prática. Para que servia a *chymica*? O máximo que os acadêmicos franceses estavam dispostos a conceder a seus colegas químicos era uma disciplina sucedânea da farmácia. Contudo, quando ilustres químicos da Academia como Homberg ou Duclos começavam a falar abertamente da pedra filosofal ou da crisopeia – transmutação dos metais em ouro –, seus companheiros não podiam deixar de sentir uma espécie de vergonha alheia. Lawrence

M. Principe ilustrou essa situação com perfeição quando afirmou que, para muitos acadêmicos, a *chymica* (ou alquimia) era como ter que comparecer a um jantar real com um primo provinciano.[1] De fato, como toda instituição acadêmica, a francesa era constituída por uma classe elitista que protegia diligentemente sua imagem pública, e contar com alquimistas entre seus membros poderia desprestigiar a instituição. Nesse sentido, a Academia francesa estava apenas prolongando um debate ativo há séculos, pois tanto a crisopeia quanto a pedra filosofal sempre foram temas polêmicos no seio da alquimia. A intervenção no curso da natureza envolvia questões morais longamente discutidas por filósofos e teólogos da Europa medieval e renascentista. Por outro lado, muitos viam os alquimistas como tolos que perseguiam quimeras ou simples vigaristas e criminosos. Em qualquer dos dois casos, um alquimista somente poderia ser um louco ou um impostor. A crisopeia, a pedra filosofal e inclusive o elixir da juventude estavam no domínio da alquimia, e ali dividiam espaço com uma infinidade de práticas como a farmácia, a cosmética, a perfumaria ou a pirotécnica, entre muitas outras. Nesse amplo espectro de disciplinas, algumas eram consideradas

[1] PRINCIPE, Transmuting chymistry into chemistry.

dignas de entrar na Academia; outras, todavia, deviam ser suprimidas o quanto antes.

O que aconteceu nas décadas posteriores à fundação da *Académie des Sciences* – refiro-me aos anos entre 1666 e 1722 – foi tão simples como um "reposicionamento de marca" (*rebranding*). Depois de muitas disputas na Academia francesa, os químicos foram mais ou menos coagidos a denunciar publicamente os usos da crisopeia e da pedra filosofal, mesmo que, evidentemente, tudo isso continuasse sendo praticado em privado. A ideia era eliminar os elementos incômodos da *chymica* e introduzi-los em outra categoria – a alquimia –, potencializando desse modo a dimensão científica da *chymica*. Assim, começou-se a delimitar terminologias: alquimia e química faziam referências a conteúdos diferenciados. Em termos gerais, essa cisão tardia separou a química – vista como uma ciência executada por investigadores acadêmicos – da alquimia, uma pseudociência marginal que tem como único objetivo transformar metais em ouro. Não obstante, é necessário insistir no fato de que tal divisão corresponde a um paradigma moderno que não representa de maneira nenhuma a prática alquímica dos séculos anteriores, cuja identidade é muito mais heterogênea, rica e plural do que se tende a descrever. A alquimia, muito estigmatizada até os dias de hoje por parte de historiadores da ciência, tem um papel fundamental no desenvolvimento da química em particular e das ciências em geral.

Tendo em vista a longa e complicada jornada da alquimia na Europa podemos concluir que ela sempre foi uma disciplina marginal. É verdade que em várias ocasiões ela foi patrocinada por esferas de poder. Entretanto, isso não a salvou de seu estatuto periférico; invariavelmente, ela foi estudada e praticada em círculos mais ou menos fechados e subterrâneos. Foi precisamente a partir dessa marginalidade que a alquimia não só desenvolveu grande parte de sua identidade – manifesta em sua linguagem iniciática e em insólitas visões –, mas nela também se forjou a alquimia como uma arma de dissidência e de resistência. Ali, a partir da periferia, essa disciplina não pretendia conhecer o mundo, aspirando antes a transformá-lo, conspirando, dessa maneira, contra uma realidade imperfeita. Para tanto, a alquimia recorria à monstruosidade, à transgressão, ao artifício, à hibridação e à impureza, subvertendo assim paradigmas em grande medida irrefutáveis.

O livro que se segue recolhe com grande sensibilidade essa semente transgressora da alquimia. Não se trata de um ensaio sobre a história da alquimia; é muito mais do que isso. É um resgate da linguagem e dos princípios alquímicos como ferramentas críticas fundamentais. O mais clarividente do autor é que ele não sistematiza o método alquímico – grande erro das revisões modernas –, mas abraça todas e cada uma de suas contradições. Nos sulcos do pêndulo mercurial está o rastro de um movimento, um balanço que oscila entre a utopia e o pragmatismo. Em suma, trata-se de um ensaio que celebra e explora todas as consequências inerentes à marginalidade da alquimia: sua combinação paradoxal entre a resistência e a mutabilidade, a criação de redes comunais atípicas, sua transversalidade como ciência amorfa, suas grandezas e – por que não? – suas baixezas.

Amberes, 22 de agosto de 2023.

---

[1] Doutora em História da Arte pela Universidade de Lisboa, Mestra em História da Arte pela Universidade Nova de Lisboa e Graduada em Filologia Românica pela Universitat de Barcelona. É especializada em manuscritos do século XV, cronística medieval, história da ciência, semiótica, cultura cortesã e bibliofilia. Sua tese de doutorado foi premiada em várias ocasiões e publicou diversos artigos científicos. Recentemente, publicou *Visiones de fuego*, uma história ilustrada da alquimia. Atualmente se encontra escrevendo seu próximo livro.

La mar

"*Praeter substantias et modos nihil existit*", disse o tímido judeu de olhos gentis que polia lentes para sobreviver e acabou excomungado por sua congregação. Apesar de tímido, Spinoza não era covarde, tendo se recusado a firmar uma patética retratação, como fizera Galileu e como não fizera Giordano Bruno, queimado vivo por opiniões bem menos heréticas do que as do holandês. "Nada existe para além da substância e dos modos". Sim, tudo é substância, o que para Spinoza significa que tudo é Deus. Nós somos modos dessa substância, variações, oscilações, configurações em constante fluxo do todo indiferenciado que é Deus, palavra que nos soa antipática, marcada pelas inquisições de ontem e de hoje. Podemos, se quisermos, esquecer Deus – ainda que, fatalmente, tudo esteja cheio de deuses, assegura Tales de Mileto – e pensar no mar em constante movimento, com suas ressacas, suas idas e vindas, suas ondas que surgem, imensas, e logo desabam sobre si mesmas. A substância é o mar, as ondas são seus modos, somos nós, ondas que surgem, ressurgem, morrem e não são nada mais do que mar. Para que a imagem seja exata, é preciso imaginar um mar sem céu que o cubra, sem chão que o sustente, um mar que não exista para além do mar, com ondas bravas que crescem não em direção ao firmamento, que se dirigem não ao fundo, mas que se movem no mar, dentro do mar. *La mar*, como dizem os pescadores asturianos, invertendo o gênero da palavra castelhana *mar* ao ver carinhosamente nele/a a mãe que os nutre. Nada há fora da mar, não há fora, não há não há. Tudo há. Há tudo. Há o Tudo. Nós ondas-tudo-mar-vivendo-morrendo. E se não conseguirmos deixar de imaginar o fundo, o céu, o sol, os peixes, imaginemos, vá lá, mas os imaginemos como fundo feito de mar, céu feito de mar, sol feito de mar, peixes feitos de mar, ou seja: modos de mar. Isso é a substância e seus modos. Isso é o que tu és. Totalidade não totalizante, não dialética, não separável, não tranquila, não racional.

Podemos acumular os nãos a exemplo dos místicos medievais da Via Negativa que, pressupondo ser Deus o incomensurável e o indizível, tentavam se aproximar dele por meio de contínuas negações, cada vez mais ilógicas, cada vez mais bizarras e obscenas, negando os contrários, negando a negação, tudo isso só para sentir o fugaz perfume de Deus, um leve toque da substância. Os filósofos medievais chamavam de infinitização esse procedimento de negar um nome para ampliar sua significação, havendo várias correntes que, contudo, sustentavam ser impossível infinitizar nomes generalíssimos e abarcantes como *ens* (ente), *res* (coisa), *aliquid* (algo) e Deus, já que uma expressão como "não-ente" simplesmente não faria sentido, eis que se referiria apenas ao nada (*nihil*),[2] o qual, segundo Heidegger, além de ser um contraconceito (*Gegenbegriff*) do ente, é dele constitutivo.[3] Mais uma divergência entre filósofos e místicos, oposição que quase sempre envolve o acesso à infinitude do divino. Mas nada nos obriga, já sabemos, a falar de Deus ou a mergulhar agora nas sutilezas da filosofia, seja medieval ou contemporânea. Voltemos, portanto, à mar. Desde que sem céu sem sol sem fundo. Nela está a primeira lição da alquimia: "isto é o que tu és", वमसित्वमसि, *tát túvam ási*.[4]

---

[2] AGAMBEN, *Filosofia prima, filosofia ultima*, pp. 59-61.
[3] HEIDEGGER, *Che cos'è metafisica?*, p. 187.
[4] *Chandogya Upaniṣad*, 6.8.7.

DE **A HISTÓRIA METAFÍSICA, FÍSICA E TÉCNICA DO COSMOS MAIOR E MENOR**
(COSMI MAIORIS ET MINORIS METAPHYSICA, PHYSICA ATQUE TECHNICA HISTORIA)
de Robert Fludd (1617)

Et sic in infinitum (E assim, até o infinito)

De todos os escritos dos filósofos antigos e modernos, concluímos que esta primeira matéria é o Ser primordial, infinito, sem forma, de qualquer e nenhum potencial; sem quantidade nem dimensão; de maneira que não se pode dizer dela que seja grande ou pequena; sem nenhuma qualidade sutil, grosseira ou perceptível; sem propriedades nem inclinações; nem móvel nem inativa; sem cor nem qualidade elemental.

De lapide philosophico, Lambsprinck, 1625

Atalanta fugiens XXXIV, Michael Maier, 1617

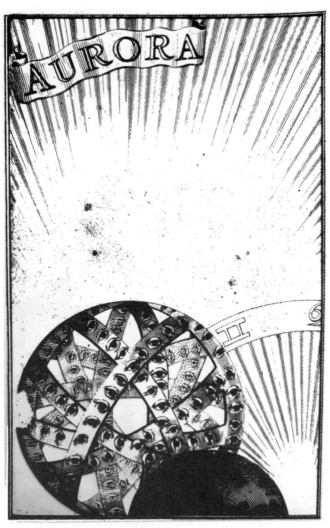

Theosophische Wercken, Jacob Böhme, 1682

A dignidade da matéria

Em certo passo do seu ensaio sobre a vida dos estudantes, Benjamin nos diz que as ideias mais revolucionárias de certa época são também as mais ridicularizadas, as mais desconsideradas, as mais perseguidas. Isso talvez possa explicar por que se acredita hoje que a alquimia corresponderia a uma pseudociência que teria preparado o caminho para a química, ou pior ainda, segundo alguns críticos preconceituosos, seria um tipo de mística confusa e apolítica que, gananciosa como os judeus que a praticavam, pretenderia apenas a produção de ouro, a chamada crisopeia.[5] Todavia, as coisas não são bem assim. A alquimia é uma política, uma política da não-separação e da mistura, da desordem, da beleza e do perigo, da transição, da dismorfia e da

---

[5] A ânsia de "reabilitar" a alquimia, inserindo-a de algum modo na narrativa do moderno, não é exclusiva de pensadores racionalistas, atingindo também autores radicais como Hakim Bey, que afirma sem qualquer evidência séria que a colonização foi uma "operação ocultista", sendo o novo mundo visto como a matéria-prima, a *hylé* primordial e sem forma sobre o qual se poderia trabalhar para obter o "ouro" tanto real quanto espiritual, daí derivando o nome da colônia britânica da Virgínia (BEY, *TAZ*, pp. 43-44).

amorfia. Sua lógica é a da mescla; nada na alquimia *é*, tudo está continuamente *sendo*, não há posições fixas, sujeitos, objetos ou métodos prévios.

A palavra "alquimia" vem do árabe *al-kīmīya*, transliterado para o latim como *alkimia*, composto formado pelo artigo árabe *al* e por um belo termo talvez derivado do grego antigo, χημεία (*khēmeía*), que significa "fusão de líquidos".[6] Para Georg Luck, contudo, *kīmīya* viria de um termo pré-árabe, provavelmente do egípcio *kamt*, *quemt* ou *chemi*, que pode ser traduzido como "negro" ou "substância negra", aludindo assim ao lodo primordial do rio Nilo.[7] No verbete correspondente da monumental *Enciclopédia da religião* de Mircea Eliade, afirma-se que a palavra *alchemia*, do século XII, se relacionaria a *ars chemica* (arte química), com o que precisamos, desde já, dizer algo sobre o suposto caráter primitivo da alquimia em relação à química moderna. Apenas uma mente acostumada a ver a história enquanto uma progressão linear, lógica e racionalizada pode sustentar tamanho disparate. Ainda que a alquimia tenha de fato oferecido várias ideias, substâncias (o arsênico, o fósforo, o zinco, o antimônio, todos esses lindos nomes!) e procedimentos à química, ela

---

[6] Para uma pesquisa aprofundada sobre a alquimia, é imprescindível consultar a série da editora francesa Belles Lettres intitulada *Les alchimistes grecs*, planejada para ter doze títulos.
[7] LUCK, *Arcana mundi*, p. 675.

não é sua antecessora, e sim algo *diferente*. Stanislas Klossowski de Rolas chega a afirmar que a química derivou de uma versão falsificada da alquimia praticada apenas para produzir ouro. Ainda que esse metal possa, de fato, ser obtido pelo verdadeiro alquimista, ele é visto como um subproduto das suas pelejas, pois "o ouro é a sombra do sol, e o sol é a sombra de Deus".[8]

Não deixa de ser revelador o fato de que, para alguns, a alquimia teria sido criada não pelo lendário Hermes Trismegisto, e sim por uma mulher – Maria, a judia, alquimista e filósofa que viveu no Egito no século III d.C. e inventou o utilíssimo banho-maria (*balneum Mariae*)[9] –, enquanto a química teria sido ideada por um homem, Antoine Lavoisier, no século XVIII. Tratar-se-ia então de uma evolução ideal que partiria do irracionalismo sentimental feminino, cujo símbolo seria, segundo C. G. Jung, Tiamat[10] – divindade babilônica que evoca o mundo matriarcal dos primórdios –, e chegaria ao racionalismo objetivo masculino, em uma linha de "evolução" cujas consequências nefastas já conhecemos bem. Contudo, não pode haver evolução entre duas realidades que são não apenas diversas, mas em muitos aspectos opostas.

[8] ROLAS, *Alquimia*, p. 8 e pp. 12-13.
[9] PATAI, *Os alquimistas judeus*, p. 27 e pp. 118-120.
[10] JUNG, *Psychology and alchemy*, p. 25.

Se a química é racional, ordenada e voltada para a dominação da natureza, a alquimia é mágica, caótica e praticada para que possamos nos fundir com a natureza. Seu reino é o do não-separado, onde se dão as núpcias alquímicas, a *coniunctio*[11] entre o enxofre e o mercúrio, o coito entre o Rei e a Rainha, a luta amorosa do dragão alado com o dragão áptero, devendo ambos morrer para este mundo e, depois de muitas atribulações e torturas na retorta, renascer outros de si mesmos.

Apenas para dar um único exemplo do abismo que separa a alquimia e a química, devemos nos lembrar que a primeira rejeita a ideia de generalidade, fundamental para a segunda. Assim, a química – e a ciência em geral – somente considera um experimento bem-sucedido quando ele pode ser repetido, ao contrário da alquimia, que admite a possibilidade de que certos procedimentos tenham sucesso apenas em circunstâncias muito específicas, ou seja, quando são realizados pelas pessoas corretas e sob influxos astrológicos adequados, sendo, portanto, irrepetíveis. Maria, a judia, dizia que a Grande Obra – ou a Obra Real, quer dizer, a transmutação de metais vis em ouro –

---

[11] O texto clássico que apresenta o *topus* alquímico do casamento entre os contrários é o tratado árabe do século XII *Al-Māʾal-waraqī wa-al-ard al-nujūmīyah* (*A água prateada e a terra estrelada*), de Muhammad Ibn Umayl.

só pode ser efetivada em uma época específica do ano, no mês egípcio de *pharmuthi*, correspondente a março-abril,[12] ideia que aproxima a alquimia da agricultura e não da química, razão pela qual alguns a chamavam de "agricultura celeste".[13]

Além disso, é interessante notar como os alquimistas insistem em falar no "nosso enxofre" ou no "nosso mercúrio", frisando que não se trata de elementos comuns,[14] e sim de elementos *outros*, animados, habitados por algo que não sabemos muito bem o que é, como o exuberante leão verde que não simplesmente traduz o sal, mas *está* no sal, que graças a outro salto imagético e barroco é chamado pela cabala de "menstruação da terra", como lembra Huysmans no alucinante romance *Encalhado* (*En rade*). Maravilhosas associações como essas levaram alguns autores a entender que a alquimia precisa ser compreendida em sentido exclusivamente psicologizante e alegórico. Entretanto, a Grande Obra, que para muitos se resume à obtenção da pedra filosofal – o *lapis* dos filósofos –, capaz de transformar os metais mais rudes naquele mais nobre, não tem sentido puramente material nem puramente alegórico-simbólico como pensava C. G. Jung, para quem a alquimia buscaria a unidade

[12] PATAI, *Os alquimistas judeus*, p. 124.
[13] ROLAS, *Alquimia*, p. 20.
[14] GODWIN, Introducción, p. 58.

oculta entre o EU e o caos da matéria (o Inconsciente). A alquimia é ao mesmo tempo material e espiritual. Erra quem, obsessivo, tenta ver em cada tratado alquímico uma mensagem cifrada, um segredo, uma alegoria a ser descoberta que diria respeito, de maneira geral, a processos de purificação do espírito para obtenção da sabedoria. A matéria é matéria na alquimia, e tem dignidade própria. Se tudo está em tudo, a matéria inanimada tem o mesmo valor da matéria viva, ultrapassando assim os dualismos que levaram o Ocidente a desassociar o sujeito ativo cognoscente e o objeto passivo a ser conhecido – e dominado; daí o caráter político da ciência, que à primeira vista pode não ser tão óbvio, mas ainda assim é poderoso e, como sabemos, mantenedor de uma visão separada, despótica e hierárquica que contamina todas as nossas vivências.

A Grande Obra capta as oscilações do ser, que pode ser pedra peixe mudo cintilante menina menino arbusto ar água clepsidra fogo salamandra, respondendo à questão que a filosofia universitária esqueceu e que está no centro mesmo do pensamento de Deleuze: como surge algo novo? Mediante repetições, repetições sem fim que, no entanto, nunca são – não poderiam ser, ainda que "quisessem" – repetições do mesmo, e sim repetições da diferença que está em todo lugar, em todo tempo, porque tudo se move, tudo se contrai, tudo se expande: "*solve et coagula*". O objeto, a matéria, o ridículo, o sujo, o vil, o baixo, a escória têm dignidade. Quando pretenderam criar vida a partir da matéria inanimada, os alquimistas já estavam a anos-luz do pensamento reducionista que caracteriza a ciência ocidental, tramando antes uma política dos afetos, dos encontros, da mixagem, da mistura, da fusão. Eis algumas receitas para se criar o homúnculo, esse pequeno golem que, ao lado da pedra filosofal e do elixir da longa vida, excitou as imaginações nos séculos XVI e XVII: Paracelso recomenda colocar sêmen humano em uma retorta hermeticamente fechada e aquecê-la em esterco de cavalo durante quarenta dias. Já Johann Konrad Dippel – esse curioso alquimista alemão nascido no castelo Frankenstein em 1673 e morto no castelo Wittgenstein em 1734 – preferia inserir o sêmen em um ovo de galinha e tapar o buraco com sangue de menstruação. Loucura? Ingenuidade? Ou brincadeira, experimentação, bricolagem, *amor mundi*?

BENJAMIN E AS IDEIAS RIDÍCULAS

Há uma concepção da história que, confiando na eternidade do tempo, só distingue o ritmo dos homens e das épocas que correm rápida ou lentamente na esteira do progresso. A isso corresponde a ausência de nexo, a falta de precisão e de rigor que ela coloca em relação ao presente. As considerações que se seguem visam, porém, a um determinado estado de coisas no qual a história repousa concentrada em um foco, tal como desde sempre nas imagens utópicas dos pensadores. Os elementos do estado final não estão presentes como tendência amorfa do progresso, mas encontram-se profundamente engastados em todo presente, como as criações e os pensamentos mais ameaçados, difamados e desprezados. Transformar o estado imanente de plenitude de forma pura em estado absoluto, torná-lo visível e soberano no presente – eis a tarefa histórica. Contudo, esse estado não pode ser expresso através da descrição pragmática de pormenores (instituições, costumes etc.), da qual ele se furta, mas só pode ser compreendido em sua estrutura metafísica, como o reino messiânico ou a idéia da Revolução Francesa.[15]

---

[15] BENJAMIN, A vida dos estudantes, p. 151.

Atalanta fugiens XXX, Michael Maier, 1617

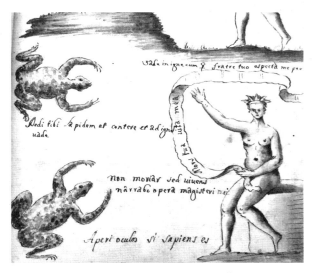

Manuscrito séc. XVII, Wellcome Collection

Le tableau des riches inventions, François Beroalde de Verville, 1600

Sem sujeito

Enquanto a filosofia (cartesiana) se juntava ao direito (romano) e à teologia (católica) para dar os últimos retoques a esse megadispositivo chamado de sujeito, a alquimia seguia por caminhos desviantes. Ela representou, na modernidade, um dos únicos refúgios em que o pensamento pôde pensar a si mesmo sem a escravização de uma entidade pensante, um sujeito. A prova cartesiana da existência, que a tantos parece incontestável, não passa do pressuposto necessário à ideologia capitalista – individualista, solipsista e mecanicista – que naqueles anos já estava bem desenvolvida. Para nós, nascidos e criados nesse ambiente malsão, parece impossível conceber um pensamento sem alguém que o pense. Daí a naturalidade com que aceitamos a absurda conclusão "*cogito, ergo sum*" ("penso, logo existo"), pedra de toque do dispositivo de subjetificação e sujeição que gerou, como consequência necessária, o neoliberalismo e sua competição desenfreada e atomizada.

Por seu turno, a alquimia corresponde à dimensão de um pensamento fluido, não-linear e radicalmente desassujeitado. São poucos os tratados de alquimia que contam com autores reais, seja porque quem os escrevia queria escapar das perseguições que os alquimistas sempre sofreram, seja porque, com muito mais frequência, entendiam que a Grande Obra corresponde a um projeto coletivo – nos livros alquímicos é frequente o uso da primeira pessoa do plural – que exige muitas mentes, em especial aquela universal, que não está dentro de nenhuma cabecinha humana, mas se espraia pela natureza, semelhante aos fluidos vaginais que vemos escorrer e irrigar a Obra e os signos zodiacais em um dos mais antigos manuscritos do belíssimo tratado *Aurora consurgens*, escrito no século XIII supostamente por Tomás de Aquino e que, redescoberto na contemporaneidade por C. G. Jung, foi traduzido, preparado e comentado pela sua colaboradora Marie-Louise von Franz, em um eloquente exemplo de casamento alquímico, tornando-se ao final o terceiro tomo do *Mysterium conjunctionis* de Jung. Na linha de um maldito como Ibn-Rushd – mais conhecido entre nós com a forma afrancesada Averróis –, os alquimistas entendiam que o pensamento é uma experiência comum, uma abertura, uma disponibilidade que pode (ou não) ser acessada. Para eles, uma sentença como "penso, logo existo" não teria sentido, pois lhes parecia muito mais correto dizer simplesmente: "pensa-se". Do contrário, como explicar a permanência e mesmo o fortalecimento de certo pensamento após a morte daquele que o pensou? Como explicar a transmissão do saber, o aprendizado, a própria tradição, sem conceber uma dimensão impessoal, não assujeitada, em que o pensamento se mantém independentemente de quem o pense, existindo assim enquanto algo que pode ser acessado, vivido e sentido por todos?

Para que essas perguntas possam ser entendidas em sua radicalidade, é importante evitar de uma vez por todas um equívoco atroz, aquele que confunde o impessoal com a total negação do EU, como se pudéssemos ser vazios, sem histórias, línguas, memórias, vícios, paixões etc. O que as contra/políticas da impessoalidade exigem não é uma chapa uniforme em que não se é nada, mas a negação da fixação de características tidas por definidoras de certa identidade, pois se é certo que nunca somos não-EUS vazios, tampouco somos algo substancial e essencial; sempre estamos em processo, somos sempre *sendo*. Trata-se, como afirmam com precisão Deleuze e Guattari na primeiríssima página de *Mil platôs*, de "[n]ão chegar ao ponto em que não se diz mais EU, mas ao ponto em que já não tem qualquer importância dizer ou não dizer EU".[16]

Contra as tristes tecnologias do sujeito, a alquimia pensa um mundo impessoal, infinito, sem bordas, sem separações, onde tudo se comunica com tudo, razão pela qual os alquimistas valorizam não a definição e o conceito, mas o emblema, a alegoria, a charada, o mistério, a adivinhação, formas de pensamento derrisórias que não param de se autoimplicar, de se reenviar umas às outras, de se multiplicar aos saltos e assim permitir a beata anarquia dos seres. Daí o amor à morte presente na alquimia. Sim, amor à morte, ideia que nos arrepia, que nos enoja, pois para nós, filhotes racionalistas de Descartes e Adam Smith, a morte evoca o fedor do cadáver putrefato que se decompõe, a caveira do *memento mori*, o fim de tudo. O auge desse processo paranoico se dá com a antropologização da morte em Hegel, que a confunde com o próprio ser humano – que seria a "morte que vive uma vida humana" –, dado que, entre as criaturas, a humana é a única que pode pensar a morte, de modo que o homem traria o nada e o vazio para a natureza, onde antes não existiam tais coisas.[17] Argumento fraco, a meu ver, eis que pode ser aplicado de

[16] DELEUZE; GUATTARI, *Mil platôs 1*, p. 17.
[17] KOJÈVE, *Introdução à leitura de Hegel*, p. 513.

maneira idêntica à vida, pois sendo o humano o único ser que pensa a vida, ele a encarnaria e traria plenitude à existência. Bobagens, joguinhos de reversão hegelianos... Na contramão dessa tristeza, podemos compreender que a morte não é o fim de tudo, só do sujeito; o fim de uma variação, de uma específica oscilação da potência sempre-vivente--sempre-morrente. Apenas um ser profundamente doente e egoico pode confundir seu próprio fim com o fim de tudo. Para nossa cultura cartesiana e racionalista, a morte não pode ser senão uma tragédia, quando, na verdade, nos ensina a alquimia, ela não é mais do que um processo de transmissão da vida: "*mors tua vita mea*", reza um manuscrito do século XVII. No *Aurora consurgens*, tratado em que o arquétipo feminino ao mesmo tempo introduz (Eva) e expulsa (Maria) a morte do mundo,[18] se diz: "*corruptio unius est generatio alterius*" ("a corrupção de um é a geração de outro").[19] A morte é o que preserva a vida, pois somente por meio dela os seres passam de uns para os outros, pulam de uma forma a outra, assim como as irrequietas metáforas, analogias e alegorias das imagens alquímicas têm que morrer continuamente em suas significações unilaterais para pular em direção a

[18] FRANZ, *Aurora consurgens*, pp. 82-85.
[19] FRANZ, *Aurora consurgens*, p. 85.

outra dimensão, de sorte que o mercúrio é a "letra" ☿ que pula para um elemento que pula para uma mulher que pula para um fogo que pula para a Grande Obra – da qual uma das fases principais é o *nigredo*, quando as coisas são mortas, queimadas, reduzidas a carvão, cozidas ao extremo para renascerem outras.

O *nigredo* – também conhecido como a Obra em Negro ou morte espiritual – exige a calcinação, a decomposição e a putrefação para dar lugar ao *albedo* (purificação), à *citrinitas* (despertar) e ao *rubedo* (iluminação), a Obra em Vermelho. Negro e vermelho, início e fim, fim e início: bandeira anarquista. A única constante nesse processo não está nos corpos, que sempre se transmutam, se desinformam, se informam, se conformam, se "desformam", mas na morte que os acolhe no seio do impessoal, do todo, do Um que é Muitos: "E tudo não é mais do que uma mesma coisa/ Dioniso, Sol, Adônis/ [...] Tu que desfrutas de nomes diversos, Adônis,/ Paidos germens, ao mesmo tempo menino e menina".[20] Na direção contrária de nossa cultura, que desde os gregos insiste em opor Eros e Thânatos, os alquimistas conseguiram aproximar a morte e o amor. Lê-se no *Aurora consurgens*: "Ao meu bem-amado estendo minha boca

---

[20] MAIER, *Atalanta fugiens*, p. 152.

e ele pressiona a sua na minha, ele e eu somos um, quem nos separará do amor? Nada nem ninguém, pois nosso amor é forte como a morte".[21] Fala-se então de um amor que não é posse nem propriedade, mas uma intensidade, uma velocidade, um agenciamento, diriam Deleuze e Guattari, para quem amar equivale a salvar um singular, ou seja, retirá-lo da massa indiferenciada e aparentemente uniforme da quantidade – reino do capital, onde a mesmice impede qualquer amor – para vê-lo enquanto multiplicidade e poder experimentar a conjunção, operação alquímica por excelência: "O que quer dizer amar alguém? É sempre apreendê-lo numa massa, extraí-lo de um grupo, mesmo restrito, do qual ele participa, mesmo que por sua família ou por outra coisa; e depois buscar suas próprias matilhas, as multiplicidades que ele encerra e que são talvez de uma natureza completamente diversa. Ligá-las às minhas, fazê-las penetrar nas minhas e penetrar as suas. Núpcias celestes, multiplicidades de multiplicidades. Não existe amor que não seja um exercício de despersonalização sobre um corpo sem órgãos a ser formado".[22]

Identidade, propriedade, autoria, sujeito, ego – todos esses dispositivos são desativados pelo labor

---

[21] FRANZ, *Aurora consurgens*, p. 151.
[22] DELEUZE; GUATTARI, *Mil platôs 1*, p. 63.

alquímico, que tem no princípio do *solve et coagula* o seu eixo central. Graças a constantes processos de separação e de união, as matérias primas perdem suas identidades originárias e se congregam para formar algo até então inexistente na natureza, como consta do tratado *Pretiosissimum donum dei*: "Vem, minha amada, nos abraçaremos e engendraremos um filho que em nada se parecerá conosco". Mesmo os elementos que estamos acostumados a entender como fixos – o enxofre e o mercúrio, por exemplo – não correspondem, na alquimia, àqueles que conhecemos e estão listados na tabela periódica, sendo antes propriedades presentes em todos os metais, em diferentes proporções: o princípio ativo, seco e masculino (enxofre) e o princípio passivo, úmido e feminino (mercúrio), não havendo hierarquia entre ambos, pois os dois são imprescindíveis para a Grande Obra, que é reversão, mas também fusão e conciliação.

De maneira semelhante, no emblema nº 25 do tratado *Atalanta fugiens*, o autor nos aconselha a sermos como o oleiro, que ao moldar seus vasos mistura ao mesmo tempo a água e a argila, sem deixar que nenhuma das duas se torne dominante: "que a água não prevaleça sobre a terra, nem a terra sobre a água". Se o alquimista tem sucesso, os dois princípios – o Rei e a Rainha – se unirão em proporções perfeitas, formando um tipo de ouro que não existe na natureza, o "ouro dos filósofos" que nasce depois de muitas dissoluções e coagulações: "*Solve et coagula* é a grande coreografia de fogo do teatro alquímico, uma coreografia que se volta sobre si mesma em um ciclo eterno de violência e criação".[23] Esse ciclo desconhece as divisões e as separações, inclusive as temporais, desenvolvendo-se em um sempre-presente, a exemplo do que ilustra o emblema nº 39 de *Atalanta fugiens*, no qual vemos, no mesmo quadro e ao mesmo tempo, a esfinge aterrorizando Tebas, uma alegoria do enigma das três idades do ser humano e toda a história de Édipo, desde seu encontro com a esfinge até o assassinato de seu pai e o casamento com sua mãe. Percebemos assim que a alquimia está para além das divisões, dos conceitos e das limitações que bloqueiam a política atual, presa em um falso presente que não passa, ou seja, não se comunica com as tradições revolucionárias do passado e não se abre para as potencialidades do futuro. Diferentemente, o tempo alquímico é hiper-real, capaz de fundir história e lenda, totalidade e fragmento, continuidade e descontinuidade, presente, passado e futuro, recordando-nos algo que as esquerdas ortodoxas nos fizeram esquecer com suas

[23] PANDIELLO, *Visiones de fuego*, p. 47.

exigências mesquinhas de "condições objetivas", suas considerações covardes sobre as "relações de forças", seus repugnantes conselhos de prudência e seus afetos tristes traduzidos em infinitas conciliações de classes em um tempo sempre bloqueado. Sim, saltando alegremente sobre tudo isso, as contra/políticas alquímicas nos fazem lembrar que todas as condições objetivas são, na verdade, subjetivas, dando-se na potência capaz de abrir a história e encarnar muitos tempos em um único tempo no qual tradição, fábula e desejo são uma coisa só, ou seja, desinstituição do real.

PUTA PURA

Portanto, a alquimia é uma casta meretriz que tem muitos amantes, mas a todos ilude e a nenhum concede o seu abraço. Transforma os estultos em mentecaptos, os ricos em miseráveis, os filósofos em tolos e os enganados em loquacíssimos enganadores.[24]

[24] TRITEMIO, *Annalium Hirsaugensium Tomus II*, 1690, p. 25.

Philosophia reformata, Johann Daniel Mylius, 1622

Aurora consurgens, 1522-1566

Atalanta fugiens XXXIX, Michael Maier, 1617

Manuscrito séc. XVII, Biblioteca do Vaticano

Comunas alquímicas

O que há de democrático, o que há de político em um bando de charlatães e vigaristas que passam o tempo fechados em laboratórios escaldantes tentando produzir ouro? Tudo, pois democracia não é nenhum sistema de governo, não se confunde com qualquer procedimento, não se traduz em votar ou em escolher quem vai nos governar, tratando-se antes de uma conspiração, uma comuna, um pacto que se faz *neste* mundo e *contra* este mundo, e disso os alquimistas entendiam bem. Antagonizando aqueles que veem na democracia uma plácida e tranquila forma de convivência, a alquimia nos lembra que ela é, antes de tudo, conflito. Conflito e forma-de-vida, um respirar conjunto (*cons-piratio*) dos lunáticos, dos esquizos, dos *clowns*, dos bruxos e das feiticeiras que, mesmo estando entre nós, não abrem mão de ter inimigos. De fato, a política que vem não se confunde com uma generalização amorfa e simpática em que todos cabem independentemente de qualquer consideração. Há que se ter inimigos e há que se conspirar com os amigos, e não apenas para vencer aqueles que nos atormentam com suas bulas, tratados e cátedras, o que pode ser fácil ou difícil, pouco importa. O divertido, o *filosófico*, consiste em desacreditá-los, humilhá-los, reduzi-los ao que são: seres sem graça, sem viço, sem vidas próprias. Assim, as trapaças dos alquimistas devem ser entendidas de outra maneira, como um tipo profano e alegre de expropriação dos expropriadores.

Nos séculos XVI e XVII não havia corte na Europa que não tivesse o seu alquimista de plantão, sempre ocupado em tirar dos bolsos nobres a maior quantidade possível de dinheiro, prometendo mundos e fundos aos basbaques, enganados pela lábia do Grande Mestre que, enquanto isso, se dedicava a fazer coisas mais interessantes, mais terrenas, semelhantes às tinturas de cabelo e aos remédios para asma e ciática compilados pela alquimista Caterina Sforza em seu tratado *Experimentos*, tão político que ao final reserva algumas páginas em branco para quem, sabedor de outros saberes, queira ali continuar a escrever, pouco importando autoria ou propriedade. Em uma época na qual a representação política se preparava, com o considerável *lobby* de autores taciturnos e científicos como Hobbes, para se tornar a única tecnologia política possível, é notável a recusa dos alquimistas a se render a essa magia escravista que faz visível o invisível e *inventa* o poder separado atual. Com efeito, não há representação no mundo alquímico, pois os inúmeros jogos de vai e vem, de alegorização e de analogia brincam com as coisas mesmas, não com seus reflexos. Na Grande Obra se utiliza não uma representação do enxofre como se fosse a rainha, mas a Rainha mesma, o próprio enxofre, dado que o alquimista não tem qualquer compromisso com a ficção. Ele não sabe fingir e lembra a criança que, quando brinca com extrema seriedade e jamais duvidando do valor intrinsecamente real da brincadeira, deixa tudo de pernas para o ar, tal como se afirma no *Pretiosissimum donum dei*. Ademais, para o alquimista não há qualquer dualismo entre o real e o imaginário, com o que se torna impossível a representação. Na alquimia se sabe que "não podemos imaginar nada que não seja real, não importa em que realidade transcorra essa imagem".[25]

Nesse sentido, os emblemas e as alegorias alquímicas não são representativas, pois vão de um significado a um significante e, de novo, para outro significado e outro significante, sem cessar, conformando uma dança na qual nada é estável, ao contrário da representação, que exige a fixação de uma vez por todas dos significados e dos significantes. Cada representação aponta para um sentido unívoco, com o que cessa o processo de correspondência delineado por Baudelaire. Diferentemente, na alquimia uma

---

[25] LEVRERO, *Cuentos completos*, p. 513.

imagem evoca outra, que evoca outra, que evoca outra em um fluxo infinito, caótico e feliz que envolve toda a realidade, sem nada resolver, sem nada decidir – a decisão é o objetivo da representação, seja ela política ou artística –, sem nada cindir.

Fora, portanto, com a representação, que é coisa para gente simplória, gente que não tem a imaginação inflamada. Fora também com a teorização e a generalização. Tudo deve ser feito uma e outra vez, repetindo as diferenças ao infinito, apostando no singular; no relato e não no fato, no testemunho e não na autoridade. Se tivéssemos que comparar o procedimento dos alquimistas com alguma operação mais próxima de nossa sensibilidade, não seria com a do método científico e impessoal, pronto para ser reproduzido infinitamente, mas com a da receita – a tradicional, a dos caderninhos do interior, não aquelas insossas, vistas como algo *gourmet* nas capitais –, que por mais formalizada, prevista e descrita que possa ser, sempre guarda uma dimensão de imprevisibilidade, de intuição, de singularidade, revelando-se nisso que chamamos de "mão boa" e que nenhuma máquina industrial consegue repetir. Assim, os belíssimos tratados alquímicos são como cadernos de receitas que ensinam como conspirar, como driblar um mundo dominado pelos poderes da circunspecção, da medida e do título, fazendo contínuas palhaçadas que, no entanto, brincadeiras sérias que são, servem não para governar os outros – nem a si próprio, principalmente nunca a si próprio! –, mas para abrir vias outras, rotas de fuga dessa ilusão de massa que os néscios insistem em chamar de realidade.

DE UMA ENTREVISTA IMAGINÁRIA DE MARIO LEVRERO POR MARIO LEVRERO

– [...] O que se percebe em uma obra de arte é a alma do artista, toda ela em seu conjunto, graças a um fenômeno de comunicação alma-alma entre o autor da obra e quem a recebe. A obra de arte seria um mecanismo hipnótico, que libera momentaneamente a alma de quem a percebe e lhe permite captar a alma do autor. [...]

– Poderíamos provar assim os mecanismos da criação.

– Pode ser, ainda que seja uma expressão bastante desafortunada. Talvez se devesse dizer "a alquimia" da criação.

– De acordo. Como seria, pois, no seu caso, este processo alquímico?

– Bem, por definição são procedimentos secretos, ocultos. Na verdade, eu não tento ocultar nada, mas não tenho um acesso direto a eles. É como a digestão; eu "faço" a digestão dos alimentos, mas não sei como.[26]

[26] LEVRERO, Cuentos completos, p. 585 e p. 586.

Atalanta fugiens II, Michael Maier, 1617

Atalanta fugiens VIII, Michael Maier, 1617

De supernaturali, naturali, praeternaturali et contranaturali microcosmi historia, Robert Fludd, 1619

O livro mudo

Há um livro singular na tradição alquímica que, composto por quinze gravuras, ilustra de forma alegórica o caminho da Grande Obra sem nenhum texto que esclareça as imagens, lembrando uma animada história em quadrinhos privada de balões de fala e desenhada em fundos acinzentados nos quais, acompanhado das costumeiras alegorias solares, lunares, metálicas e angelicais, um atarefado casal lida com toda a parafernália da cozinha alquímica – fornos, retortas, balanças, cadinhos etc. – para produzir *algo* que não se sabe muito bem o que é. Trata-se do *Mutus liber*, impresso em 1677 na linda cidade francesa de La Rochelle e de autoria de certo Altus, que alguns dizem ser o pseudônimo do primeiro editor do volume, Jacob Saulat.

Muitos veem no mutismo desse livro uma tática para despistar os leigos e as autoridades eclesiásticas, de maneira que somente os iniciados poderiam compreendê-lo. Pode ser. Mas também pode ser que o *Livro mudo* pretenda ilustrar a autonomia da imagem diante da escrita ou, o que é o mesmo, a dimensão linguística da imagem. Mais do que em qualquer tipo de conhecimento, a imagem na alquimia é fundamental, pois ela não ilustra, exemplifica ou adorna, mas *diz*. Diz o que não pode ser dito, seja porque está proibido, seja porque, em sentido ontológico, de fato não pode – ou seja, é impossível – ser dito. Folheemos os antigos alfarrábios científicos do século XVII dedicados à nascente química, à física, à astronomia e mesmo à biologia e à zoologia. Ainda que muitos deles contenham belas gravuras, elas comparecem como acessórios dos textos, tendo por objetivo esclarecer e ilustrar algumas passagens. Ao contrário, a gravura alquímica muitas vezes nada tem a ver com os textos que a acompanham e chega até mesmo, em certas circunstâncias, a contradizer o que está escrito, demonstrando assim a força dos fantasmas que habitam o visível. Trata-se de mais uma boda alquímica, de mais um casamento entre opostos que encontra o seu momento de maior esplendor na tradição dos emblemas.

Embora não sejam específicos da tradição alquímica e sim comuns à cultura humanística europeia dos séculos XVI a XVIII, os emblemas parecem feitos sob medida para a Grande Obra, tratando-se de pequenas gravuras – inicialmente, xilogravuras – acompanhadas por um lema (*motto*) e/ou epigrama (quase sempre em latim) que, contudo, não simplesmente explicam as imagens, com o que suas cargas significativas seriam reduzidas e controladas, mas as abrem para interpretações infinitas, tratando-se de "um casamento ético e filosófico onde se escuta a imagem e se vê a palavra".[27] O termo latino *emblema* vem do grego ἔμβλημα, palavra composta que significa aquilo que é inserido em outra coisa para ornamentá-la. O primeiro livro de emblemas foi o *Emblematum liber* de 1531, do jurista italiano Andrea Alciato, obra que para alguns estudiosos mantém uma secreta relação com a alquimia, mediada por alguns emblemas inspirados pelas *Metamorfoses* de Ovídio.[28] No *Emblematum liber* já se pode compreender a diferença entre emblema e símbolo, dado que este ilustra com exatidão, de maneira direta, o que pretende significar. Por outro lado, o emblema é mais obscuro, não havendo correspondência direta entre o lema e a imagem que o acompanha, exigindo assim um trabalho interpretativo – hermenêutico, de Hermes, o carteiro que conecta os deuses olímpicos aos humanos – que, mais do que esclarecer o sentido de determinado emblema, o cria. "Ler" um emblema consiste então em uma atividade criativa e não apenas investigativa, dado que a cada leitura

[27] GABRIELE, Introduzione, p. III.
[28] GABRIELE, Introduzione, pp. LXIV-LXXII.

algo novo pode surgir no mundo, confirmando, uma vez mais, que é a repetição que gera a diferença, como ensinou Deleuze.

Nessa perspectiva, pode parecer que o *Mutus liber* tenha nascido para quebrar a deliciosa e obscura *coniunctio* entre texto e imagem que os emblemas introduziram, já que se trata de um livro exclusivamente pictórico, imagético, plástico. Mas não é bem assim. O livro mudo não é totalmente mudo. Para além de algumas rotineiras citações bíblicas e escassas informações acerca do impressor e de Altus contidas na primeira gravura, que serve como capa ou *incipit* e promete expor "toda a filosofia hermética" por meio de "hieroglifos desenhados" (maravilhosa redundância que sublinha o caráter mudo ou imagético da obra), no final do livro, mais exatamente na décima quarta gravura, vemos o nosso laborioso casal apontando para o alto com a mão direita e, com um dedo da mão esquerda sobre os lábios, recomendando silêncio. Entre ambos aparece uma legenda, a única do *Mutus liber*: "*Ora, lege, lege, lege, relege, labora et invenies*" ("Reza, lê, lê, lê, relê, trabalha e encontrarás"). Assim, o *Mutus liber*, em sua totalidade, se revela como um enorme emblema composto por quatorze páginas de gravuras – a primeira página, bastante convencional, pode ser descartada – que têm nessa curiosa legenda o seu *motto*.

Longe de representar o fim da tradição dos emblemas em que texto e imagem se encontram, se misturam e se complexificam, o livro mudo é talvez o mais sutil e complicado fruto dessa tradição que, ao invés de autonomizar a imagem, a insere em uma dimensão contraditória na qual ela funciona enquanto texto na mesma medida em que o texto funciona como imagem. Nesse sentido, não podemos deixar de notar a ironia do lema que, em um livro mudo, aconselha não apenas a ler – três vezes! –, mas também a reler. Mais ainda: o conselho de leitura – *"lege, lege, lege, relege"* – está engastado entre duas palavras – *ora* (reza) e *labora* (trabalha) – que evocam o dito monástico-cristão medieval *"ora et labora"*. Com isso, o anônimo autor do *Mutus liber* parece sugerir que faltou a certos monges a necessária e divina atividade da leitura (e da releitura), que certamente não era aquela esclerosada, mecânica e estereotipada que se fazia em alguns monastérios, mas uma *outra*, capaz de "encontrar", ou seja, "inventar". *Invenies*, de fato, é a última palavra do *motto* desse grande emblema e bem poderia ser a primeira. Portanto, nada de autonomia da imagem sobre a escrita ou vice-versa. Autonomia é coisa de kantianos tristes. O livro mudo, mais do que expressar uma ideia de autonomia ou mesmo de harmonia, consiste em uma figura arqueológica daquilo que, inspirado por Deleuze e Guattari, Arkady Plotnitsky chamou de caosmologia, ou seja, a simultaneidade do caos e do cósmico, a ordem da desordem e a desordem da ordem.[29]

---

[29] PLOTNITSKY, Chaosmologies.

À TÁBUA DE ESMERALDA *(TABULA SMARADIGNA)*

1. *O que digo não é fictício, mas digno de crédito e correto.*

2. *O que está abaixo é como o que está acima e o que está acima é como o que está abaixo. Agem para cumprir os prodígios do Uno.*

3. *Como todas as coisas foram criadas pela Palavra do Ser, assim todas as coisas foram criadas à imagem do Uno.*

4. *Seu pai é o Sol e sua mãe a Lua. O Vento o leva em seu ventre. Sua ama é a Terra.*

5. *É o pai da Perfeição no mundo inteiro.*

6. *Seu poder é forte ao se transformar em Terra.*

7. *Separa a Terra do Fogo, o sutil do grosseiro, mas seja prudente e circunspecto quando o fizer.*

8. *Usa a tua mente por completo e sobe da Terra ao Céu e depois desce novamente à Terra e combina os poderes do que está acima e do que está abaixo. Assim ganharás glória no mundo inteiro e a escuridão sairá de ti de uma vez por todas.*

9. *Isso tem mais virtude do que a própria Virtude porque controla todas as coisas sutis e penetra em todas as coisas sólidas.*

10. *Este é o modo com que o mundo foi criado.*

11. *Esta é a origem dos prodígios que aqui estão [ou que foram realizados?].*

12. É por isso que sou chamado de Hermes Trismegisto, porque possuo as três partes da filosofia cósmica.

13. Acabou-se o que eu devia dizer sobre a obra solar.[30]

---

[30] LUCK, *Arcana mundi*, pp. 690-691.

Mutus liber, Altus, 1677

Mutus liber, Altus, 1677

Mutus liber, Altus, 1677

Uraltes Chemishes Werck, Abraham Eleazar, 1760

Repetição, metamorfose, roubo

Muitas das imagens que ilustram este livro foram retirados do *Atalanta fugiens*, tratado publicado pela primeira vez em Oppenheim no ano de 1617 e considerado o mais belo livro de emblemas de todos os tempos, destinado, de acordo com seu *incipit*, "a ser visto, lido, meditado, compreendido, julgado, cantado e ouvido com extraordinário prazer",[31] na tradição das desejadas obras de arte totais da renascença. Seu autor é o médico, filósofo, químico e poeta alemão Michael Maier (1568-1622), sendo suas magníficas gravuras talhadas por Matthäus Merian, segundo Joscelyn Godwin, um dos editores modernos do livro. Já Stanislas Klossowski de Rolas, incansável pesquisador de códices alquímicos, afirma que o gravador foi o famoso Johann Theodor de Bry, sogro de Merian. O livro, tanto enquanto objeto como quanto conjunto de ideias, constitui uma mistura que, aos nossos olhos racionalistas, poderia ser chamada de desordenada e contraditória.

Antes de mais, é surpreendente que uma das obras que melhor ilustra a alquimia e seus processos

[31] MAIER, *Atalanta fugiens*, p. 64.

tenha sido escrita por alguém que, como Maier, fazia questão de atacar e reprovar os alquimistas, dizendo-se um praticante de *chymia* e de medicina. Por ser um livro de emblemas, *Atalanta fugiens* se compõe de 50 gravuras, 50 lemas e 50 poemas sob a forma de epigramas latinos de seis versos, explicados detalhadamente em 50 "discursos" preliminares. Mas não é só: Maier incluiu partituras de 50 fugas no livro, para serem lidas e eventualmente executadas, ainda que, como explica Godwin, não sejam verdadeiras fugas no sentido das de J. S. Bach, por exemplo, tratando-se antes de cânones a duas vozes (Atalanta e Hipômenes) com um *cantus firmus* (as maçãs) de base. O cânon é uma forma musical sumamente rara, de difícil composição e que, já na época de Maier, era tida como decadente e moribunda, de sorte que muitas de suas "fugas" são quase impossíveis de se executar, chegando-se assim ao paradoxo de uma música feita para ser contemplada e não ouvida, procedimento barroquizante que encontrará seu ponto álgido com a publicação no ano de 1751 de *A arte da fuga*, última composição (inacabada) de J. S. Bach.[32] Segundo

---

[32] Uma excelente interpretação das fugas do *Atalanta fugiens*, efetuada pela Ensemble Plus Ultra sob a direção de Michael Noone, pode ser escutada gratuitamente no YouTube em: <https://www.youtube.com/watch?v=zpYCVYn6Esk&list=O-LAK5uy_mIjRwdIHzyghXInVVwhUGL_HkMNM2U44g&index=2&ab_channel=EnsemblePlusUltra-Topic>. Essa gravação foi feita com base em rigorosos critérios musicológicos que res-

Godwin, quando são interpretados por um conjunto vocal – no piano, é muito difícil fazê-lo com alguns deles –, os cânones de Maier evocam ora motetos medievais do século XIII, na tradição de Machaut e Dufay – e isso considerando que os cânones de Maier foram escritos em pleno renascimento! –, ora as dissonâncias pós-modernas de Stravinsky e Hindemith, em um processo de confusão e mistura dos tempos que se repete nas gravuras. Estas não apenas lembram os mestres antigos do renascimento e do maneirismo (especialmente nas paisagens), mas muitas vezes são construídas como decalques blasfemos de piedosas gravuras religiosas, em um processo que se assemelha à colagem desenvolvida por Max Ernst, notadamente em *A mulher 100 cabeças*, de clara inspiração alquímica. Dessa maneira, elementos, paisagens e seres sacros são diretamente transportados para as cenas alquímicas alucinadas e quase sempre inquietantes imaginadas por Maier e executadas por Merian ou de Bry.

Quanto ao título, *A fuga de Atalanta*, é importante saber que, segundo a mitologia grega, Atalanta era uma virgem criada por ursos que, para

---

peitam as convenções da época, considerando que as fugas são peças vocais. Também há uma versão mais livre e somente instrumental, com arranjos de Burt Griswold: <https://www.youtube.com/watch?v=QsGlApi9UwQ&list=PLHlHVoGHos-3l-JBjcJrMdQs_c3j_Nlowk&index=3&ab_channel=truBador2>.

aceitar ser reconhecida pelo pai que antes a abandonara, exige se casar apenas com alguém que a vencesse em uma corrida, devendo os perdedores serem mortos. Depois da execução de vários pretendentes, Hipômenes se apresenta para o desafio e, louco de amor por Atalanta, suplica a ajuda de Vênus, que lhe dá três maçãs do jardim das Hespérides. Durante a corrida, Hipômenes lança as maçãs ao chão e, aproveitando-se da distração da jovem – que, fascinada com a beleza das frutas, se detêm para recolhê-las –, acaba ganhando o páreo. Depois de se casarem, os dois têm a brilhante ideia de copular no santuário de Cibele que, diante dessa profanação, acaba transformando-os em leões que a partir de então puxarão o carro da deusa. No mito de Atalanta parece haver uma continuidade modal e movimentada entre o mundo humano e o mundo animal, pois em ambos os seres se transformam, se misturam, se fusionam e se diferenciam infinitamente, como no emblema nº LXXI do *Emblematum liber*, que representa o julgamento de Paris dedicado às três deusas, às quais correspondem os três graus e as três naturezas da Grande Obra: Juno é metálica e mineral, senhora de todos os tesouros; Palas, a deusa vegetal, destrói e regenera os corpos; já Vênus traduz a animalidade e sua força vivente.[33]

[33] GABRIELE, Introduzione, p. LXVI.

Ao contrário do pensamento científico que se afirmou como verdade única na modernidade, a alquimia é radicalmente não-antropocêntrica. Ainda que o ser humano seja importante para a Obra, trata-se apenas de mais um elemento do mundo, que se dá enquanto *continuum* em que as formas dançam e se metamorfoseiam sem cessar, uma passando para a outra em um vertiginoso processo que não tem centro nem periferia, pois tudo está em tudo, lembrando a sublime sentença de Bataille: "todo animal está no mundo como água dentro d'água".[34] Essa sacrílega continuidade entre água-animal e humano é, aliás, uma das razões que levaram os cientistas a desprezar os alquimistas, que se preocupavam não apenas com o "homem", mas com o meio em que ele – que pode também ser ela, ela/ele (o andrógino, o Rebis) e, no limite, elx – está posto e se transforma. Trata-se de um traço tão óbvio da alquimia que mesmo Jung, com seu irritante e obsessivo reducionismo psicologizante, o percebeu. Em uma entrevista de 1952 concedida a Mircea Eliade em Ascona, ele nota, opondo as tradicionais noções alquímicas de macrocosmo e microcosmo, que a missão da alquimia é muito mais ampla do que a de Cristo, dado que, se este pretende redimir a humanidade, a Obra Real objetiva salvar o universo inteiro: "O

[34] BATAILLE, *Théorie de la religion*, p. 25.

sonho do alquimista era salvar o mundo em sua totalidade; a pedra filosofal foi concebida como o *filius macrocosmi*, o que salva o mundo, ao passo que o Cristo era o *filius microcosmi*, o salvador apenas do homem. A finalidade suprema do *opus* alquímico é a *apokatastasis*, a salvação cósmica".[35]

Nesse contexto cósmico de transformação, metamorfose e mudança, ainda que as gravuras, as fugas e os temas de *Atalanta fugiens* possam parecer pouco variados – estes últimos limitados aos *topói* típicos da alquimia, divididos no tratado em sete grupos de sete: morte, matéria prima, purificação, forças planetárias, encontro de contrários, conjunção e ressureição, além de uma gravura que unifica todos esses tópicos –, na verdade eles indicam o processo de diferenciação por meio da repetição a que já me referi várias vezes, exibindo as suas singularidades aos olhos e(x)(s)pertos capazes de contemplar não as gravuras em si, mas a contínua modalização que as unifica em uma totalidade não totalizante. Atalanta é o mercúrio veloz e fugitivo e Hipômenes o enxofre que consegue fixá-lo mediante as artimanhas das maçãs douradas, gerando assim um novo ser que, por seu turno, será objeto de novas metamorfoses que desconhecem as ideias de sujeito e apropriação. É o velho jogo da alquimia, já

---

[35] JUNG, *Entrevistas e encontros*.

presente no *Aurora consurgens*: "A mulher dissolve o homem e ele próprio a fixa, ou, dito de outra maneira, o espírito dissolve e amolece o corpo e o corpo endurece o espírito".[36] Essa repetição inventiva se reflete inclusive no nível mais prosaico do dia a dia dos gravadores que ilustravam os tratados alquímicos, eis que muitas vezes eles utilizavam a mesma figura em obras diferentes, a exemplo do oroboro que surge entre as ruínas romanas do emblema nº 14 de *Atalanta fugiens*, de 1617, e reaparece em outra paisagem, mais selvagem, dessa vez no *De lapide philosophico*, de 1625.

O oroboro ilustra muito bem a Obra, dado que, como afirma Georg Luck: "O uno é o todo, e por isso há um todo, e dado que há um todo, se o uno não contém o todo, o todo é o nada".[37] Na contramão do pensamento racionalista, para o qual seria ilógico imaginar que a parte contém o todo, eis que para ele somente o contrário é verdadeiro, os antigos alquimistas anteciparam aqui uma potente figura do pensamento imaginada por Leibniz sob a forma da mônada e depois radicalizada por Walter Benjamin nos últimos anos de sua vida mediante a noção de miniatura. De fato, Benjamin afirmou que seu trabalho sobre Baudelaire e a modernidade

[36] FRANZ, *Aurora consurgens*, p. 101.
[37] LUCK, *Arcana mundi*, p. 687.

era um tipo de miniatura de uma investigação mais ampla que ele nunca terminaria sobre as passagens de Paris, percebendo assim que a parte, por meio de relações de intensidade e não simplesmente quantitativas, pode não só conter o todo, mas também prevê-lo, informá-lo e, em última instância, torná-lo real graças à essa legibilidade potencial fornecida por uma figura precária, parcial e incompleta.[38]

A *coniunctio* objetivada pelos alquimistas e ilustrada com obstinação no *Atalanta fugiens* pode ser entendida como um roubo da natureza, um imenso dispositivo de desapropriação que nada tem a ver com o plágio, ideia moderna que não faz sentido em um mundo inapropriável. De fato, explica Deleuze, "roubar é o contrário de plagiar, de copiar, de imitar ou de fazer como. A captura é sempre uma dupla-captura, o roubo, um duplo-roubo, e é isso que faz, não algo de mútuo, mas um bloco assimétrico, uma evolução a-paralela, núpcias, sempre 'fora' e 'entre'".[39] Dessa maneira, ainda que os lemas,

[38] Sobre a controversa história dos últimos textos de Benjamin e as relações entre seu ensaio dedicado a Baudelaire e o livro das passagens, cf. o texto de Giorgio Agamben contido em BENJAMIN, *Charles Baudelaire: un poeta lirico nell'età del capitalismo avanzato*, devendo ter-se em mente que devemos ao filósofo italiano a descoberta em 1981, na Bibliothèque Nationale da França, dos originais de Benjamin que tornaram possível a edição supracitada, a mais completa existente no mundo relativa ao tema.

[39] DELEUZE; PARNET, *Diálogos*, p. 14.

os epigramas e os discursos de *Atalanta fugiens*, organizados como um monstruoso comentário ou corpo sempre em expansão e retração, procedam diretamente dos três textos fundamentais da alquimia clássica e medieval – a *Tabula smaradigna*, a *Turba philosophorum* e o *Rosarium philosophorum* – temperados com pitadas de autores greco-romanos e cristãos, não se pode ver neles um plágio, e sim uma espécie de incessante passagem do pensamento por seres pensantes que não detêm a autoria do que foi pensado, podendo ser, portanto, roubado, inclusive às vezes com violência, da mesma forma que o alquimista roubava amorosamente da natureza os seus segredos.

Juridicamente, o roubo e o furto só se diferenciam porque o primeiro lança mão da violência (ou da grave ameaça, que é também um tipo de violência potencial), dado que ambos são definidos no Código Penal pela fórmula "subtrair para si ou para outrem coisa alheia móvel", o que sempre me pareceu uma conceituação interessante, eis que dá margem a um uso estratégico do direito capaz de virar a lei contra ela mesma. Com efeito, se alguém pega um pedaço de carne em um açougue – seja roubando-o (com violência) ou furtando-o (sem violência) – com o específico objetivo de dá-lo imediatamente a um cachorro, não comete furto nem roubo, pois o cachorro, por não ser considerado no direito uma pessoa e sim uma coisa, não é qualificável como "outrem", ou seja, a descrição legal – chamada de tipo penal – não se completa neste caso, não se podendo imputar a ninguém os crimes de roubo ou furto. Bem se vê que erram aqueles que, pretendendo defender os animais, querem que sejam incluídos nas categorias opressivas que já controlam os humanos, tal como a de pessoa. Mais do que abrir ou ampliar esses dispositivos jurídicos, a política radical deve desativá-los mediante táticas que os usem como se não os usassem. Mas estou divagando, já tratei desses temas em outro livro;[40] o que quero discutir aqui é a noção de roubo, importante para as contra/políticas alquímicas que, ao não reconhecerem qualquer propriedade e identidade fixa, se centram na dimensão comum do uso.

Usar o mundo sem dele se apropriar ou abusar pode parecer a muitos um tipo de roubo. De fato, o abuso, o uso anormal – *ab uso* em latim –, constitui um dos elementos da propriedade. Na nossa constituição subjetiva, enquanto sujeitos capitalistas que somos, está profundamente enraizada a certeza de que o roubo é errado em si mesmo, eis que a propriedade precisa ser respeitada, inclusive quando se torna objeto de usos abusivos

---

[40] MATOS, *Representação política contra democracia radical.*

por parte do dono. Kant, por exemplo, ao tentar fundamentar uma moralidade formal (e absoluta, claro) que em um primeiro momento independa da lei, dos costumes e de qualquer dimensão empírica, chega à conclusão de que o roubo deve ser racionalmente proibido porque representaria uma contradição insolúvel, dado que quem rouba ambiciona ter a propriedade da coisa roubada, mas ao mesmo tempo, com o ato de roubar, nega o instituto da propriedade, que se aplica inclusive ao corpo e à alma dos homens, segundo o § 4º da introdução da seção "Dos deveres para consigo mesmo em geral" da *Metafísica dos costumes*. Em suas palavras: "– Mas o que significa, então, dizer que 'se você rouba, então rouba a si mesmo'? Quem rouba torna insegura a propriedade de todos os demais; ele se rouba, portanto (segundo o direito de retaliação), a segurança de toda propriedade possível".[41] Evidentemente, o raciocínio de Kant não se sustenta, visto que ele pressupõe que o ladrão pretende manter para si a propriedade daquilo que rouba, como se ter a propriedade de algo fosse natural e incontornável. Ao contrário, podemos imaginar um roubo semelhante àquele que exemplifiquei com a figura do cachorro, um roubo que, sem deixar de

---

[41] KANT, *Metafísica dos costumes*, § 49, "O direito penal e o direito de indulto", I.

ser violento – já é tempo de deixarmos de temer a violência! –, seja um roubo para o mundo, um roubo-doação, ou melhor, um roubo-*potlatch* que não quer manter a propriedade de nada, e muito menos a identidade, a subjetividade e os lugares fixos do poder. Um roubo assim, que doa ao mundo e doa mundo, permite que as coisas passeiem, fluam pela realidade, sejam usadas e amadas, jamais acumuladas. De fato, o acúmulo equivale à negação do amor, pois não se pode amar uma quantidade abstrata, apenas uma qualidade concreta, um ritmo, um movimento, um corpo insubsistente e precário que está sempre a mudar, que não é dono de si nem de nada. Roubar para entregar, roubar para permitir o uso comum, é então um ato profanatório que, efetivado com metais ou com qualquer outra coisa, possibilita a mistura, a passagem, o fluxo, a (des)continuidade que mantém a pulsação da vida, abrindo a realidade para o livre uso dos seres.

UM EPIGRAMA DE *ATALANTA FUGIENS*

Hic est Draco caudam suam devorans
Epigramma XIV

Dira fames Polypos docuit sua rodere crura,
Humanaque homines se nutriisse dape.
Dente Draco caudam dum mordet et ingerit alvo,
Magna parte suit sit cibus ipse sibi.
Ille domanduerit ferro, fame, carcere, donec
Se voret et revomat, se necet et pariat

Este é o dragão que devora sua cauda
Epigrama XIV

A fome terrível ensinou ao polvo a roer suas pernas,
E aos homens humanos a se alimentar de si mesmos.
Com os dentes o dragão morde a cauda e engole o
[estômago,
Uma grande parte dele é alimento para si mesmo.
Submeta-o pela espada, pela fome, pela prisão, até que
Se coma e se vomite, se mate e dê à luz.

Maestro delle Banderuole, final do séc. XV

Aurora consurgens, 1522-1566

Partitura da fuga XIV, *Atalanta fugiens*,
Michael Maier, 1617.

Atalanta fugiens XIV, Michael Maier, 1617

Radicaos

O informe não depende de um ponto de vista, por isso é absoluto. Somente se pode ser maior ou menor do que alguma coisa tendo em vista certo padrão. Classificar algo como maior ou menor constitui não apenas uma operação das mais arbitrárias e subjetivas, mas também normativa, pois exige, reforça e pressupõe um modelo. Essa conversa mole de literatura menor, política menor, corpos menores, ainda que inspirada por uma duvidosa boa-fé deleuzeguattariana, não passa de lamúria de recalcados, que não podendo atingir o maior, o reverenciam pela via inversa ao reivindicar para si uma modesta identidade menor, uma identidadezinha que, no fim das contas, ainda que se diga opositora, não muda muita coisa. De resto, pode-se usar Deleuze & Guattari contra Deleuze & Guattari, pois ao mesmo tempo que afirmam que o maior é um sistema homogêneo e constante e o menor um subsistema de variações, eles logo se apressam a dizer que o modo maior e o modo menor são apenas formas de tratamento de uma mesma realidade (musical, literária, linguística, política, jurídica etc.).[42] Assim, maior e menor são, ambas, expressões da máquina bipolar que gira no vazio. Conforme intuiu Agamben, o desafio da política que vem não é se opor à máquina, mas desativá-la, o que somente pode ser feito mediante a rigorosa exposição de seu núcleo vazio onde está o limiar, essa terra de ninguém capaz de desarticular as oposições e os dualismos que, neste caso, só pode ser o informe, o mesmo informe que significa ausência de determinação e, assim, liberdade absoluta. Na *Bíblia*, um dos poderes de Deus é transcender a indeterminação do informe e, observando-o, saber desde já tudo que lhe acontecerá, estando todos os seus dias escritos e determinados pela divindade quando nenhum deles ainda ocorreu.[43] Bem se vê que o informe é uma perigosa potência não apenas contrateleológica, mas também contrateológica. O Deus cristão detesta o informe. Eis uma boa razão para que o amemos, nós, *an-árquicos* que conspiramos contra a ordem da filiação, do patriarcado, do comando e da origem.

Sendo maior e menor modos determinados (por homogeneidade ou variação, pouco importa), o informe se caracteriza exatamente pela ausência de forma, revelando-se como matéria tentacular,

---

[42] DELEUZE; GUATTARI, *Mil platôs 2*, pp. 56-57.
[43] *Salmos*, 139, 16.

pseudópoda, geleia que se espalha por si mesma, potência oscilante que se liga ao dito de Hermes Trismegisto: fazer do fixo volátil, e do volátil, fixo. Desde Aristóteles, se identifica o ato com a forma e a potência com a matéria indeterminada, que para os alquimistas se traduz nas serpentes, nos dragões e nos vermes que, independentemente de serem maiores como o dragão ou menores como o verme, são vistos como uma "massa móvel" porque se movimentam por meio das contrações e expansões de seus corpos, "como a água derramada, descrevem círculos determinados, inclinando-se ora de um lado, ora de outro, como se pode ver na maior parte dos rios, que, à maneira das serpentes, dobram seu curso e o curvam com sinuosidades".[44] Não há, portanto, maior ou menor, unicamente mescla e movimento cuja melhor materialização se dá no andrógino.

O andrógino constitui uma das figuras centrais da alquimia, confundindo e fundindo os gêneros muito antes do pensamento *queer*. Ele/ela aparece de maneira tímida e cifrada no maravilhoso emblema nº 13 de *Atalanta fugiens*, no qual o personagem bíblico Naamã – importante general sírio que teve sua lepra curada pelo profeta Eliseu –, posto em um cenário bucólico que lembra as pinturas

---

[44] MAIER, *Atalanta fugiens*, p. 139.

ao mesmo tempo inquietantes e familiares de Giorgione, está sentado à beira de um rio para se limpar da lepra, exibindo um corpo feminilizado à moda renascentista, com coxas roliças, a indefectível barriguinha que simboliza a fertilidade e os pequenos seios que mal apontam do busto. Por outro lado, no emblema nº 37 o contradualismo é patente, pois lá está o Rebis (literalmente, em latim: coisa dupla), macho e fêmea em um mesmo corpo, aconselhando-nos Maier a não o desprezar devido a seu sexo ambíguo, eis que "este homem-mulher um dia te dará o rei",[45] sendo, ademais, "cósmico, visível em todos os rincões do mundo, ali onde se encontram os elementos; é o filho dos sábios e possui com eles uma pátria comum".[46]

Alguns leitores talvez se lembrem de Baphomet, demônio andrógino, caprino e alado que ilustrou com grande escândalo o divertido tratado de Éliphas Lévi, *Dogma e ritual da alta magia*, simbolizando de maneira mágica e panteística o Absoluto. O que talvez não saibam – e para tanto seria proveitoso ler o delirante romance de Pierre Klossowski, *O Baphomet* – é que essa figura demoníaca constitui, a seu modo, uma das encarnações do Rebis que faz explodir a ordem unívoca e linear do *lógos*

---

[45] MAIER, *Atalanta fugiens*, p. 239.
[46] MAIER, *Atalanta fugiens*, p. 240.

traduzido ora em Deus, ora na linguagem, ora na dualidade de gênero. De fato, os seios de Baphomet e os gestos disjuntivos de suas mãos, apontando para cima e para baixo, conforme a conhecida sentença de Hermes Trismegisto, foram interpretados como signos de uma confusão monstruosa entre os opostos, com o que se pôde classificar Bhapomet enquanto inimigo de Deus e, ao associá-lo com os templários, forjar a desculpa necessária ao rei francês Filipe IV (o Belo) e ao Papa Clemente V para a perseguição e a destruição da ordem do templo no início do século XIV. A essa altura, não deve surpreender o fato de a imagem de Baphomet ter se ligado ao Rebis da alquimia. Tal relação foi trazida à luz por Jung, para quem, apesar de o hermafrodita simbolizar o si-mesmo, nem por isso deixa de ser "repugnante e horroroso".[47]

Todavia, longe de causar espanto e repulsa, o Rebis evoca a grande saúde, ou seja, um corpo sem início e fim determinados, autopoiético, potente, jamais separado, nunca solitário, diferente da triste figura andrógina imaginada por Platão, que se caracteriza pela separação. Com efeito, Platão nos fala pela boca de Aristófanes de um andrógino originário, macho e fêmea, que passava o tempo se amando e gozando consigo mesmo, com o que se esqueceu

[47] JUNG, *Ab-reação, análise dos sonhos e transferência.*

de seu dever de venerar os deuses. Dessa feita, foi cortado ao meio pelo raio vingador de Zeus, gerando assim os dois gêneros canônicos que até hoje se buscam, desesperados e infelizes.[48] Como se percebe, tudo em Platão lembra a doença: a ideia de uma origem pura, a vingança e a mesquinhez dos deuses, a separação do corpo total e a criação de gêneros "corretos" – ideias que evidentemente se refletem na autoritária e antidemocrática política platônica, na qual a separação entre governantes e governados é a regra, e a vida, sem poesia ou festa, se converte em uma enfadonha acumulação de deveres. Contra essa perspectiva, que venceu tanto na história da filosofia quanto na da política, lembremos que a alquimia pretende ser também uma terapia. A transmutação dos metais em ouro de que tanto se falava é um tipo de cura dos metais,[49] dado que estar separado do Todo não pode ser senão uma doença. Nesse sentido, todos nós que não somos andróginos como o Rebis estamos doentes, incompletos, despotencializados, recortados do fundo sem fundo da existência e enganados pela ilusão do EU e da identidade. A alquimia consiste, portanto, em uma arte capaz de nos curar mediante radicais transformações de nossas percepções, que deem conta de nos

---

[48] PLATÃO, *O banquete*, 189c-193d.
[49] PATAI, *Os alquimistas judeus*, p. 30.

fazer não simplesmente compreender, mas *experimentar* a continuidade que há entre tudo no mundo, passando pela rocha, pela planta, pelo animal e pelo ser humano, de maneira que todo cuidado de si seja imediatamente cuidado do mundo, desativando assim os dualismos que nos impedem de viver uma vida política de verdade, que nada tem a ver com deveres e veneração, mas com o uso comum, com o gesto, com a abertura de multiplicidades e com a constante e caótica criação do novo mediante a repetição da diferença.

Tais transformações são radicais não porque busquem alguma raiz, algum fundamento ao qual se ater, pois no mundo da *an-arquia* o único fundamento é a ausência de fundamento, a percepção de nosso caráter "jogado" no mundo, indeterminado, móvel, amorfo e por isso mesmo usante de todas as formas em potência. Se de raiz falamos, não é daquela que se enterra no chão para sustentar com tranquilidade a árvore, tratando-se de algo mais parecido com o rizoma de Deleuze e Guattari, uma coisa sempre informe, descontrolada, limiar – não é X nem não-X, mas o que torna possível pensá-los e, assim, deles se desvencilhar. Porque o pensamento é sobretudo isso: não acúmulo, posse ou propriedade de saberes, e sim possibilidade de se libertar dos pesos e dos comandos que nos são impostos pela tradição como se fossem heranças inegociáveis. A radicalidade rizomática do pensar nos permite navegar pelas potencialidades, não apenas pelo vir-a-ser, mas pelo o-que-viria-a-ser, pelo o-que-não-foi, pelo impensado das ciências e dos saberes oficiais que se debate em uma amorfia (des)constitutiva conjurada desde os gregos, que lhe davam o nome de Χάος (*Khaos*). A palavra é antiga mesmo na língua helênica, e sua etimologia, poeticamente incerta. Para alguns viria do verbo *khínein*, que significa "abrir-se". Outros sustentam que sua origem estaria em χαίνω (*khainō*), "abrir a boca", ou em χάσκω (*khaskō*), "bocejar". Todos esses significados são muito próximos, de modo que o caos é uma boca aberta, uma fenda, uma passagem; para alguns, um abismo.[50] Maior e ao mesmo tempo menor do que o ser, o caos é o processo amorfo que, paradoxalmente, torna possível toda forma e todo movimento, sem o que não haveria vida nem existência.

Com o surgimento da teoria do caos na segunda metade do século XX, talvez tenhamos perdido o verdadeiro sentido dessa ideia, visto que, diferentemente do que parece, tal teoria não é caótica, eis que afirma a existência de padrões em realidades que, à primeira vista, poderiam parecer frutos do acaso. Todavia, ainda que caos e ordem possam ser lidas como faces da mesma moeda na ciência, na

[50] TORRANO, A noção mítica de kháos na teogonia de Hesíodo.

filosofia e na literatura, como demonstrou Gustavo Faverón Patriau,[51] penso aqui em algo que podemos chamar de *radicaos*, entendido enquanto dimensão (des)fundamental da realidade. Com esse neologismo não quero apenas me referir à noção de ordem oculta – central para a alquimia –, mas a outra característica do caos que hoje passa despercebida, tendo sido sublinhada, contudo, por Deleuze e Guattari. Eles compreenderam que o caos é antes de mais nada uma velocidade, um movimento que põe e depõe as coisas. Assim, a aparente indeterminação dos elementos de um sistema caótico é função de uma espécie de conjunção entre vida e morte, de um lugar que é também um não lugar em que princípio e fim se encontram, onde tudo que se inicia ao mesmo tempo se perde, onde tudo que acaba começa de novo, sem solução de continuidade, sem a pureza dos inícios e os deveres dos finais. Afinal, como admitem os filósofos franceses, na contramão de todas as tristes tecnologias humanísticas, é claro que "[o] espírito é mais lento que a natureza".[52]

Como veremos na próxima seção deste livro, uma das dimensões mais importantes do que chamo de contra/políticas da alquimia – esse outro nome, mais palatável, do radicaos – está na impossibilidade

---

[51] PATRIAU, *El orden del aleph*, pp. 113-183.
[52] DELEUZE; GUATTARI, *Mil platôs 1*, p. 19.

de fixar um início (um comando) e um fim (um destino), dado que o movimento indeterminante do caos não permite essas cristalizações. Há que se compreender que a obsessão com inícios, fins e autorias é uma doença moderna. Todas as grandes catedrais e igrejas medievais levaram séculos para ser levantadas, tendo sido necessárias várias gerações de anônimos trabalhadores para construí-las, os quais, se pensassem em início e fim, certamente não se engajariam nesses trabalhos. De fato, se ainda pretendemos dar sentido à perigosa palavra "progresso", é necessário muitas vezes olhar para trás e não para frente, e encontrar em formações sociais hoje aparentemente superadas o caos processual de que falam Deleuze e Guattari: "Define-se o caos menos por sua desordem que pela velocidade infinita com a qual se dissipa toda forma que nele se esboça. É um vazio que não é um nada, mas um *virtual* [este é o termo que Deleuze e Guattari usam quando querem se referir à potência], contendo todas as partículas possíveis e suscitando todas as formas possíveis que surgem para desaparecer logo em seguida, sem consistência nem referência, sem consequência. É uma velocidade infinita de nascimento e de esvanecimento".[53] O caos que se dissipa! Maravilhosa imagem daquilo que Bataille nos diz ser a verdadeira

[53] DELEUZE; GUATTARI, *O que é a filosofia?*, pp. 139-140.

soberania: o gasto, o dispêndio, o consumir-se a si mesmo, a superabundância que nada acumula, que nada retém, que, como os metais vis do alquimista, se aniquilam em uma doação extrema para alimentar a boca sempre aberta do universo.

Nossa época é especialmente propícia para o gasto, dado que nela o domínio dos princípios – de todos os princípios e não de um princípio específico – chegou à exaustão. Com efeito, Reiner Schürmann afirma que todos os princípios da metafísica ocidental funcionaram sob as modalidades do *pros hên* ("em direção ao um") ou do *aph'hênos* ("a partir do um"), o que significa que se dirigem ao uno ou surgem a partir do uno, conformando, em ambos os casos, a ilusão de uma origem unívoca que é também um comando,[54] mas principalmente um modelo voltado para a escravização do pensamento diante da necessidade de convertê-lo em "verdade", ou seja, mero conhecimento quantitativo.[55] Tal movimento principial integrativo e participativo, proposto por Platão e Aristóteles, reforçado pelos medievais e universalizado pelo cartesianismo, já não pode funcionar no tempo atual, tempo da técnica

---

[54] "O começo não é um simples debutar que se suprimiria no que se segue, mas, ao contrário, nunca acaba de começar, ou seja, de reger aquilo do que é começo sempre subjacente" (AUBENQUE, *Le problème de l'être chez Aristote*, p. 193).
[55] SCHÜRMANN, *El principio de anarquía*, p. 18 *et seq.*

em que o pensar se desencarnou e se desantropolo-gizou, apontando para a multiplicidade *an-árquica* de vários e velozes princípios não-principiais, não-o-riginários, não-modelares, todos precários e domés-ticos, como as caseiras e variadas receitas alquímicas frente à monolítica e autossuficiente ciência quími-ca. Esses princípios não-principais conformam a al-ternativa à extinção que se põe diante de nós. Todo princípio surge, se desenvolve e decai, dando espaço assim a outro princípio e configurando o que cha-mamos de história. No *interregno* entre ambos os princípios – quando o velho morreu e o novo ainda não nasceu – ocorrem toda a sorte de aberrações, di-zia Maquiavel. Nos nossos dias, no entanto, parece impossível o surgimento de um novo princípio mo-delar, originário, onicompreensivo, "universal", e é por isso que sentimos que o presente não passa, mas se alarga, dissolve o passado e denega o futuro, nos engloba em um universo desesperante de *mesmida-de*, de modo que a alternativa se põe entre a pura e simples extinção, eis que a humanidade teria encon-trado seu *fim* (nos dois sentidos da palavra), para além do qual já não poderia avançar, ou o abrir-se para a diferença do novo, para o jogo alquímico da contínua mutação, da energização, do esgotamento do tempo *antropo-lógico* e seus dualismos, o que foi vislumbrado por Nietzsche, aqui citado e misturado por Schürmann: "Não há «em todo estado de coisas mais que 'multiplicidades'; mas a 'unidade' não existe de nenhum modo na natureza do devir». Só há «configurações complexas de uma duração de vida relativa no seio do devir», somente configurações de formas e de forças para o pensamento, mas não verdade em e para si mesma. A verdade como correlato do conhecimento é ela própria uma ficção".[56]

O (des)fundamento, portanto, está no caos. Muito mais do que um pensamento ou uma política radical, evoco aqui uma existência que é as suas não-formas, as suas possibilidades, o seu não-destino, o seu constante e alegre deformar-se. Em uma palavra: *radicaos*. Não é menor o meu prazer ao confessar que essa palavra – radicaos – surgiu não de uma longa meditação linguístico-criativa, mas de um rápido, banal e mesmo ridículo erro de digitação ao trocar a letra "L" pela "O", que está logo acima dela no teclado. Radicaos é o nosso fundamento desfundamentado, nossa transcendência intranscendente, capaz de passar pelos dualismos – fundado/infundado, maior/menor, raiz/rizoma, ato/potência, verdade/mentira, história/lenda, alquimia/química etc. – e, roubando-os, dessignificá-los, desativá-los, brincar com eles.

---

[56] SCHÜRMANN, *El principio de anarquía*, p. 71.

A ESCRITA ANEXATA

Há deformações anárquicas no sistema transcendente das árvores; raízes aéreas e hastes subterrâneas. O que conta é que a árvore-raiz e o rizoma-canal não se opõem como dois modelos: um age como modelo e como decalque transcendentes, mesmo que engendre suas próprias fugas; o outro age como processo imanente que reverte o modelo e esboça um mapa, mesmo que constitua suas próprias hierarquias, e inclusive suscite um canal despótico. Não se trata de tal ou qual lugar sobre a terra, nem de tal momento na história, ainda menos de tal ou qual categoria do espírito. Trata-se do modelo que não para de se erigir e de se entranhar, e do processo que não para de se alongar, de romper-se e retornar. Nem outro nem novo dualismo. Problema de escrita: são absolutamente necessárias expressões anexatas para designar algo exatamente. E de modo algum porque seria necessário passar por isso, nem porque poder-se-ia proceder somente por aproximações: a anexatidão não é de forma alguma uma aproximação; ela é, ao contrário, a passagem exata daquilo que se faz. Invocamos um dualismo de modelos para atingir um processo que se recusa todo modelo. É necessário cada vez corretores cerebrais que desfaçam os dualismos que não quisemos fazer e pelos quais passamos. Chegar à fórmula mágica que buscamos todos: PLURALISMO = MONISMO, *passando por todos os dualismos que constituem o inimigo necessário, o móvel que não paramos de deslocar.*[57]

[57] DELEUZE; GUATTARI, *Mil platôs 1*, p. 42.

Atalanta fugiens XIII, Michael Maier, 1617

Philosophia reformata, Johann Daniel Mylius, 1622

Atalanta fugiens XXXVIII, Michael Maier, 1617

Philosophia reformata, Johann Daniel Mylius, 1622

Escalier des sages, Barent Coenders van Helpen, 1689

Contra a origem, contra a pureza

Quando alguns críticos que, longe de severos, eram simplesmente incompetentes, acusaram Deleuze de não propor uma política em seu "sistema" filosófico, ele, entre econômico e irônico, respondeu que o próprio ser é político. Nada mais óbvio, mas também nada mais prenhe de consequências. Se compreendermos a política não enquanto um conjunto de procedimentos ou instituições governamentais e sim como os modos com que se partilha, se monopoliza, se controla, se libera ou se veta a potência, é evidente que toda e qualquer ideia sobre o ser será imediatamente política, dado que o ser constitui o lugar da potência e da mudança, o lugar em que elas podem se dar ou podem não se dar. Entretanto, o Ocidente não consegue lidar, desde que conseguiu pensá-lo de maneira radical na época grega, com o problema da mudança, que é, como já deve estar claro a esta altura, a verdade da alquimia. Portanto, não surpreende o fato de a alquimia sempre ter sido ridicularizada, quando não perseguida e proibida, pelas fontes oficiais do saber ocidental, estejam elas no altar da Igreja, no laboratório da Ciência e, mais recentemente, na cátedra da Universidade.

Voltando aos gregos, eis que nunca saímos deles, a primeira solução, a mais intuitiva e a mais desesperada, consistiu em negar a mudança, sustentar que ela é ilusória, mera aparência, e que por trás do fluxo das coisas há essências imutáveis, imunes à transformação. Parmênides e Platão jogaram esse jogo e o legaram sem benefício de inventário a toda a tradição que se formaria depois. Aristóteles, bem mais cuidadoso e sutil, rejeitou o dualismo tosco de seu mestre apenas para propor outro, refinadíssimo, ao sustentar que as coisas mudam porque elas existem em duas dimensões, quer dizer, enquanto potência e ato, possibilidade e atualidade. A mudança corresponderia então ao processo de passagem da potência ao ato. Ainda que a solução de Aristóteles seja muito mais convincente e elegante, ela compartilha com a platônica a pressuposição, de nenhum modo incontestável, de que a mudança e o ser são realidades diversas, separadas, de maneira que a primeira se aplicaria ao segundo. Para sustentar esse dispositivo, foi necessário construir dois mecanismos conceituais que, já presentes tanto em Platão quanto em Aristóteles, foram aperfeiçoados e levados à sua máxima expressão no pensamento cristão medieval: as ideias de origem e de pureza. Se as coisas são as coisas e a mudança está fora delas – seja porque é ilusória, seja porque corresponde apenas a um processo –, precisa haver um ponto original de que elas partam e um ponto final para o qual se dirijam, devendo se purificar ao longo do caminho e conformar assim, ao mesmo tempo, uma teleologia e uma teologia. E, claro, uma política.

A hipótese alquímica é outra, é *estranha*. Nela a mudança e a transformação fazem parte das coisas, são as próprias coisas, o ser é sempre *sendo*, de maneira que não se pode isolar um ponto inicial ou se falar em pureza, visto que tudo está mesclado, tudo está em tudo, tudo co-labora com tudo. A purificação não tem, na alquimia, sentido segregador, servindo antes para realçar a coparticipação do todo em tudo. Somente se pode purificar os metais pouco nobres para transformá-los em ouro porque eles são e sempre foram ouro; tudo é ouro, mas isso também significa que o ouro é escoria, podendo se reverter o ciclo em uma infinita dança da matéria e das substâncias na qual nada *subsiste* realmente, tudo existe sem base, sem sub-, sem fundamento, tudo está posto fora de si mesmo no radicaos porque no fundo não há fora nem dentro nem fundo, tudo *ex*-iste, como que levitando dentro das águas infinitas do sendo, sem começo nem fim e principalmente sem identidade e sem pureza, pois há somente mescla. As reverberações políticas de uma tal ontologia são imediatas e radicalíssimas. De fato, as contra/políticas alquímicas negam o princípio e o fim, eis que tudo sempre existiu misturado e sempre continuará existindo misturado, com o que se desinstitui ao mesmo tempo o comando e o destino. Sim, porque para comandar, alguém ou algo deve ser o primeiro, o criador que põe o criado, o Deus, o pai, o fundador. Do mesmo modo, o destino, o dever, a responsabilidade e todos os finalismos que conhecemos derivam da ideia segundo a qual, fundados em certo princípio, nos dirigimos a um final, a uma finalidade. Mas se tudo sempre existiu e existe misturado em um vórtice caótico, orgiástico e mutante, o princípio, a finalidade e o comando já não são mais indispensáveis para o pensamento e a práxis. Nada mais, assim, de livro do *Gênesis*, nada mais de teoria do *Big-Bang*. Tudo sempre existiu, tudo sempre existirá, apenas a organização, a forma desse tudo, muda sem cessar com o tempo. E da mistura de tudo é ocioso dar exemplos. Basta abrir qualquer livro escolar de ciências para lá descobrir como átomos, moléculas, vírus e minerais nos formam. E nós os formamos.

Primeira conclusão, portanto: as contra/políticas alquímicas são *an-árquicas*, sem fundo, sem fundamento, sem ser separado, sem comando, sem destino, sem finalidade. A segunda conclusão não tarda: em um universo assim, sem princípio nem comando, em que tudo está sempre mesclado, não há pureza, todos somos mestiços, todos somos de raça "inferior", como dizia Rimbaud, salvo que não há raça inferior, superior, maior ou menor, só mistura, divina e borbulhante sopa dos seres, ou melhor, dos *sendos*. Com isso, as contra/políticas alquímicas antagonizam, nos seus próprios (des)fundamentos, o fascismo. Este, para além de todas as definições histórico-políticas de manual, corresponde a uma ontologia da pureza, pouco importa se falada em italiano ou não. *Onde há pureza, há fascismo.* Mais do que uma paixão pela morte, o fascismo se traduz como obsessão pela pureza, e por isso ele ressurge e ressurgirá cada vez mais violentamente onde quer que os povos sejam levados a desejar mitos originários que contam de um tempo em que as coisas eram mais simples e não se misturavam, quando tudo e todos estavam em seus devidos lugares. Todavia, no exato momento em que essas ficções falham – e elas só podem falhar –, convoca-se a morte para "consertar" a bagunça, para separar e marcar os lugares e, evidentemente, para aniquilar aqueles que trazem em seus corpos e mentes as marcas da mudança, da transformação e do fluxo. Poder-se-ia questionar por que as pessoas desejam com tanta ânsia "voltar" a um tempo de pureza que somente pode ter sido inventado. A resposta está no mais impolítico dos afetos: o medo,[58] o pavor de se reconhecer no outro e no processo impessoal de (auto)(des)construção da realidade e assim perder a propriedade daquilo que faz as pessoas serem pessoas, ou seja, as noções de EU, sujeito, identidade, propriedade etc.

Morrer significa "apenas" a morte do EU – pobre (e difícil, e improvável) consolo, por certo. Como aquele, da mais fina ironia, que o moribundo do Marquês de Sade dirige ao padre, que acaba se entregando a "seis mulheres mais belas que a luz", assistentes dos estertores daquele que morre: "Coisa alguma perece ou se destrói no mundo, meu amigo; hoje homem, amanhã verme, depois de amanhã mosca, não é sempre existir?"[59] Nada, de fato, pode ser destruído; tudo está em constante fluxo e mudança, o que está embaixo está também no alto; o que acaba é a percepção limitada, local e temporal do EU que, infelizmente, constitui a única percepção que temos de maneira regular. O medo que gera o fascismo é, sem dúvida, muito familiar e bastante sedutor. Queremos ter esse medo, sem

---

[58] Como bem destacou Hobbes: "De todas as paixões, a que menos faz os homens tender a violar as leis é o medo" (HOBBES, *Leviathan*, ch. 27, p. 229).
[59] SADE, *Diálogo entre um padre e um moribundo*, p. 26.

ele não somos nós, apenas fluxo impessoal, só radicaos. Mas não nos esqueçamos: é o medo de morrer que nos leva a matar e, portanto, a morrer. Perfeita circularidade infernal. Para preservar a ficção do EU puro, nascido de um princípio e destinado a uma finalidade, os seres humanos se dizimam sem piedade e, coisa curiosa, isso faz parte do próprio processo de transmutação que eles tão ansiosamente pretendem negar. Com efeito, para o médico e alquimista inglês Robert Fludd, o diabo é apenas um aspecto de Deus, o seu *Aleph* tenebroso.[60]

---

[60] GODWIN, *Macrocosmos, microcosmos y medicina*, pp. 42-43.

MARSÍLIO FICINO SOBRE O TEMPO

Nossa concepção do "tempo" é complexa e cambiante. Por exemplo, "o tempo passa com rapidez", "o tempo é cíclico e acaba onde começou", "o tempo nos ensina a ser prudentes", "o tempo dá e tira". Toda essa gama de ideias os egípcios englobavam em uma figura sólida e única quando desenhavam uma serpente alada mordendo a cauda.

Collectanea chymica,
Christopher Love Morley e Theodorus Muykens, 1693

Atalanta fugiens L, Michael Maier, 1617

Philosophia reformata, Johann Daniel Mylius, 1622

AQUA.

Album Quæ Vehit Aurum

Escalier des sages, Barent Coenders van Helpen, 1689

Philosophia reformata, Johann Daniel Mylius, 1622

Metalquimia?

No seu livro mais recente, *Filosofia primeira filosofia última*, Agamben discute os árduos problemas da metafísica ocidental e as relações hierárquicas entre filosofia e ciência que, ao que parece, teriam se invertido, dado que hoje seriam as ciências que, de certa maneira, fundam e "legitimam" a filosofia, e não o contrário, como ocorria na época grega. Partindo de Aristóteles e passando por vários filósofos medievais, Agamben chega a Heidegger, que na sua tentativa de liquidar a metafísica, acaba por notar que o problema desse tipo de pensamento é que ele nunca conseguiu tematizar o ser enquanto ser, sempre exigindo a mediação do ente. Tratar-se-ia, segundo Heidegger, de construir uma filosofia do ser enquanto ser, sem referências ao ente. Para tanto, seria fundamental pensar o fundamento, a *arkhé*. Nas palavras de Heidegger: "O modo essencial no qual o ser se mostra é o fundamento. Consequentemente, a questão do pensamento, o ser do fundamento, é pensado até o fundo só se o fundamento é apresentado como fundamento primeiro, como *proté arkhé* (πρώτη ἀρχή). A questão original do pensamento se apresenta como a coisa originária [*Ur-Sache*], como *causa prima* [...]. O ser do ente é representado como fundamento somente como *causa sui* [causa de si mesmo]. Essa expressão nomeia o conceito metafísico de Deus". Heidegger se apressa a esclarecer que não se trata de nenhum Deus pessoal, pois a ele "não se pode nem dirigir preces nem oferecer sacrifícios. Diante da *causa sui* o homem não pode ajoelhar-se com reverência nem fazer música ou dançar".[61]

Diferentemente de Heidegger, entendo que o fracasso da metafísica em sua tarefa de pensar o ser enquanto ser não é o resultado de uma colocação incorreta do problema ontológico ou de uma falta de radicalidade no seu desenvolvimento, e sim uma secreta vitória. Não precisamos, portanto, criar uma ontologia em que se revele e se exponha o fundamento do ser, como se houvesse uma "evolução" do pensamento, evolução esta que, de resto, Heidegger estava ansioso para "desvelar" e apresentar como *sua* grande contribuição à história da filosofia. Se a metafísica falhou na tarefa de pensar o ser enquanto ser, isso parece significar, de maneira muito mais simples do que julgava Heidegger, que não há ser, não há fundamento e nem mesmo a famosa diferença ontológica entre

[61] HEIDEGGER, *Identità e differenza*, p. 67 e p. 77.

ser e ente, essência e existência etc.; há somente movimento, velocidade, transformação, processo. Apenas quando se compreende isso se pode falar verdadeiramente em fim da filosofia, e com o fim da filosofia podemos então abandonar os grossos e insípidos volumes não só da obra heideggeriana, mas de toda a tradição, por fim nos dedicando a *viver o pensamento* e não mais a pensar a vida, com o que se abre a possibilidade, denegada por Heidegger com circunspecção afetada e ranzinza, de fazer música e dançar para o divino que somos nós mesmos. E todo o resto.

Ainda que a presença de Heidegger jamais deixe de assombrar o pensamento de Agamben, parece que o filósofo italiano, de certa maneira, sugere algo parecido ao que me refiro quando admite que o problema da metafísica somente pode ser resolvido – eu diria: abandonado – se a filosofia se decidir a renunciar ao ser e à fortaleza transcendental que o protege, passando a pensar "uma coisa que não seja nunca separável da sua abertura e um aberto jamais separável da coisa".[62] Para mim, é evidente que uma tarefa como essa não pode ser efetivada nem pelas ciências nem pela filosofia universitária, mas talvez pela alquimia, dado que só a alquimia lida com a transformação, a metamorfose, a

---

[62] AGAMBEN, *Filosofia prima, filosofia ultima*, p. 100.

mudança e a velocidade de maneira inocente, quer dizer, ex-culpada, in-fantil e in-questionável, de modo a tornar qualquer questão (técnica, filosófica, científica, religiosa etc.) sem sentido. Mais do que colocar em xeque certo procedimento, justificativa ou fundamento, pretendendo assim vencê-lo, superá-lo ou legitimá-lo, ela, a questão alquímica, simplesmente entra na roda e na dança dos *sendos*, em uma completa in-diferença alegre e excessiva. Portanto, a metafísica criticada por Heidegger e Agamben não será sucedida por nenhuma *metalquimia*, dado que, no universo da potência alquímica, não há uma "coisa" (uma *causa*) que venha antes (*metá*) para cumprir o papel de fundamento. Na dimensão do pensamento alquímico e das suas contra/políticas, os operadores metafísicos "antes" e "depois" não fazem sentido, pois tudo se dá junto, misturado, ao mesmo tempo, sempre. Assim, nada de metalquimia, a não ser que queiramos preservar este belo neologismo como memória da sua desnecessidade ou porque evoca o caráter metálico, brilhante, explosivo e dançante de todo e qualquer processo de transformação.

Nas últimas páginas do seu livro, Agamben apresenta um tipo de metáfora literária que, como costuma acontecer nas sua obras, esclarece o assunto debatido com mais intensidade do que as difíceis digressões técnicas que a precederam, muitas vezes debatidas em grego e em latim não traduzidos. Trata-se, nesse caso, de um divertido episódio contido no capítulo XXI do primeiro livro do *Dom Quixote*, no qual o louco fidalgo põe na cabeça uma bacia de barbeiro achando que se trata do famoso elmo de ouro de Mambrino – lendário rei mouro dos romances de cavalaria –, que tornaria invulnerável quem o usasse, recebendo de imediato a advertência de Sancho Pança acerca do seu ridículo engano. Mas Dom Quixote não se deixa convencer e explica a seu escudeiro que o elmo deve ter sido encantado e transformado por algum feiticeiro em uma simples bacia. Para Agamben, Dom Quixote simboliza o filósofo que vive em um mundo enfeitiçado, ou seja, composto por homens que, a exemplo de Sancho e dos cientistas atuais, veem bacias no lugar de elmos, havendo também cavaleiros andantes – são os metafísicos, claro – que veem elmos quando estão diante de bacias. Por sua vez, o elmo de Mambrino representa o ser que o metafísico procura sem cessar nas coisas particulares e que, não obstante, tem a desagradável tendência de se reificar sob a forma de bacias de barbeiros.[63]

A leitura de Agamben parece interessante, mas a sua herança heideggeriana o impede de notar o

---

[63] AGAMBEN, *Filosofia prima, filosofia ultima*, p. 102.

que há de mais potente nessa pequena fábula quixotesca, que é exatamente a figura do feiticeiro, capaz de transformar as coisas umas nas outras e dessa maneira abrir um mundo oscilante, vibracional, proteiforme, dismórfico. Agamben cita, sem delas tirar as devidas consequências, certas palavras de Sancho, que reclama da existência de um montão de feiticeiros entre nós, os quais transformam constantemente os objetos nobres dos cavaleiros em quimeras, idiotices e loucuras. Ao que Dom Quixote responde que isso, na verdade, é bastante positivo, pois assim transmutando as coisas nobres em vis, os feiticeiros acabam ajudando. Do contrário, os cavaleiros seriam perseguidos por todos, que iriam querer se apropriar de bens valiosos como o elmo dourado de Mambrino que, todavia, transformado em uma simplória bacia de barbeiro, não gera nenhum perigo ou ambição e, portanto, se aproxima da dimensão do inapropriável, que se presta somente ao uso.

Relendo a metáfora de Agamben, podemos dizer que os feiticeiros são os alquimistas, que obviamente não se limitam aos cultores oficiais da alquimia como Paracelso e muitos outros. São alquimistas todos aqueles que, ontem e hoje, mudam a natureza das coisas, transformam o solene em brincadeira, transmutam o nobre e o separado (o elmo de Mambrino) em algo comum que não gera desejo de apropriação, podendo apenas ser usado. Em suma: o alquimista transforma o sério em ridículo e assim consegue tornar o pensamento novamente perigoso, demonstrando que todos os deuses, fundamentos e autoridades são vácuos, sem importância, meras configurações epocais que podemos destronar, profanar, usar e comunizar. É essa metamorfose alquímica que a filosofia (e a política) precisa sofrer, tornando-se vária, ridícula e comum se quiser deixar de ser mera disciplina universitária que, em nada se comprometendo com as formas--de-vida, instaura horríveis separações entre vida e pensamento, ser e modos de ser, alma e corpo, essência e existência, lenda e história, incluindo-se nessa lamentável lista todos os demais dualismos que a religião do capital usa para nos subjetivar, nos controlar, nos despotencializar e, por fim, nos matar, quer dizer, nos entregar ao vazio de uma morte incapaz de se transmutar em vida.

DAS PÁGINAS FINAIS DO TRATADO
AURORA CONSURGENS

Eu sou a mediadora dos elementos, a que faz um concordar com os outros: o que é quente, eu o refresco e vice-versa; o que é seco, eu o umidifico e vice-versa; o que é duro, eu o amoleço e vice-versa. Eu sou o fim e o meu bem-amado é o princípio. Eu sou a obra toda e toda a ciência está escondida em mim. Eu sou a lei no padre, a palavra no profeta e o conselho no sábio. Eu matarei e farei viver, e não há ninguém que possa escapar de minha mão. Ao meu bem-amado estendo minha boca e ele pressiona a sua na minha, ele e eu somos um, quem nos separará do amor? Nada nem ninguém, pois nosso amor é forte como a morte.[64]

---

[64] FRANZ, *Aurora consurgens*, pp. 149-151.

TRACTATUS SECUNDUS,
DE NATVRÆ SIMIA
seu Technica macrocosmi historia,
in partes undecim divisa.
AUTHORE
ROBERTO FLVDD ALIAS DE
Fluctibus, armigero & in Medicina
Doctore Oxoniensi.
Editio secunda.
FRANCOFVRTI,
Sumptibus hæredum JOHANNIS THEODORI
de BRY; Typis CASPARI RÖTELII.
ANNO M. DC. XXIV.

De naturae simia seu technica macrocosmi historia,
Robert Fludd, 1624

Atalanta fugiens XXIX, Michael Maier, 1617

Atalanta fugiens XXV, Michael Maier, 1617

Theatrum chemicum britannicum, Elias Ashmole, 1652

Acabar com(o) os livros

A história da alquimia sempre esteve ligada à história dos livros, a ponto de muitos sustentarem que o mais vetusto tratado de alquimia – o *Papiro Ebers*, um rolo de vinte metros encontrado na necrópole de Tebas – seria também o livro mais antigo do mundo.[65] Em um momento histórico como o nosso, parece urgente refletir sobre esse estranhíssimo objeto que está em vias de se extinguir, tendo de alguma maneira, assim como a alquimia, cumprido o seu tempo. Ambos fizeram o seu tempo, diria Giorgio Agamben. Contudo, isso não significa que o livro e a alquimia deixarão de existir, e sim que existirão de outro modo, pois nenhum dos dois serve hoje para garantir aquilo que prometiam, ou seja, conhecimento. Com efeito, desde que o conhecimento passou a ser um sinônimo de quantidade de informação, tanto o livro quanto a alquimia tiveram decretadas suas sentenças de morte, já que é evidente que não podem competir com uma simples tela de *smartphone* conectada ao *Google*. Resta-lhes, portanto, desaparecer.

[65] LUCK, *Arcana mundi*, p. 677.

Ou então assumir outra dimensão existencial que nada tenha a ver com conhecimento, e sim com saber, ou seja, com *sabor*, com *gosto*, com *beleza*. Nesse sentido, o livro do futuro só pode ser encontrado, usando-se o método arqueológico pensado por Agamben, no passado. Sim, porque a arqueologia filosófica não se resume a um mero catalogar de fatos e artefatos esquecidos pela tradição, tratando-se antes de uma operação que projeta as potências do passado no presente para nos abrir rotas de fuga. Eis porque me parece que o livro do futuro será algo semelhante ao famoso *Código Voynich*.

O *Código Voynich* data do início do século XV, tendo sido descoberto na Polônia em 1912 pelo livreiro polaco-estadunidense Wilfrid Voynich. Atualmente ele pertence à Biblioteca Beinecke de Livros Raros e Manuscritos, instituição que integra a Universidade de Yale, que publicou em 2016 um fac-símile quase perfeito do *Código*. O original é um pequeno volume com 234 páginas em velino, boa parte delas ilustradas. Algumas folhas são desdobráveis, como os pôsteres insertos na revista *Playboy* dos saudosos anos 90. Seus desenhos representam plantas que ninguém conhece, esquemas zodiacais e constelações que nunca foram descritas em nenhum tratado de astrologia. Há também uma série de imagens de pequenas mulheres nuas se banhando em estranhíssimos sistemas de vasos comunicantes que lembram muito mais desenhos surrealistas no espírito de H. R. Giger do que cenas de banhos terapêuticos. Algumas interpretações veem nessas imagens o banho alquímico que simboliza a fase da *dissolutio* necessária à Obra, magistralmente reproduzida em tratados clássicos a exemplo do *Das Buch der heilingen Dreifaltigkeit* (*O livro da sagrada trindade*, século XV) e do *Rosarium philosophorum* (*Rosário dos filósofos*, século XVI). Contudo, o fato de não haver homens, mas apenas mulheres e criança nos banhos, impossibilitando assim a analogia alquímica homem-sol e mulher-lua, retira boa parte da força dessa leitura.[66]

De qualquer forma, o mais insólito do livro não são suas belas e inquietantes imagens, e sim o fato de ter sido escrito em uma língua desconhecida que até hoje não foi decifrada, não obstante décadas e décadas de intensas pesquisas. Diante do fracasso dos criptógrafos, alguns pesquisadores sustentam que o *Código* foi feito com a intenção de enganar, não havendo nele nenhuma língua, somente signos aleatórios. Todavia, essa hipótese maliciosa não se sustenta, pois o *Código Voynich* segue a chamada lei de Zipf, formulada por George Kingsley Zipf – linguista da Universidade de Harvard – no contexto

[66] RAMPLING, *Alchemical traditions*.

de uma obscura disciplina chamada de linguística quantitativa. Essa lei indica a frequência da repetição de palavras em certo documento, de maneira que possa ser considerado escrito em uma língua natural – ainda que desconhecida – e não inventada. Assim, graças à lei de Zipf, é quase certo que o *Código Voynich* foi escrito em uma língua "de verdade", que seria, para certos linguistas, um tipo de protorromance, ou seja, um ancestral das línguas românicas atuais como o português, o castelhano, o catalão, o galego, o francês, o italiano e o romeno.

O problema dessa hipótese é que ela parte de uma pressuposição totalmente indemonstrável segundo a qual as línguas têm início e fim. Apesar de estarmos acostumados a dizer que o latim, por exemplo, é uma língua morta, nenhum linguista consegue especificar com certeza o momento em que essa língua morreu e deu lugar às línguas neolatinas que hoje falamos. Na verdade, o latim não morreu. Ele continua vivo no português e nas outras línguas neolatinas, que são latim, mas latim miscigenado, misturado, transformado. Só não aceitamos isso porque estamos obsessivamente limitados por dualismos metafísicos substanciais, tais como identidade/diferença e início/fim. Ora, não existe um momento em que o latim acabou e surgiram as línguas neolatinas. Nenhum processo de transformação linguística é certinho, ordeiro, claro, mas sempre deliciosamente bagunçado, um carnaval em que os latins em modalização se tocam e se contagiam, só existindo em conjunto e em mutação, jamais como línguas estanques. Uma maravilhosa evidência desse processo está no fato de que algumas passagens do *Código Voynich*, indecifráveis se nos limitarmos a tentar lê-las com base em uma única língua neolatina, se tornam subitamente inteligíveis se usarmos ao mesmo tempo várias dessas línguas. Assim, na fl. 82 há um desenho em cuja parte inferior duas mulheres parecem estar banhando cinco crianças, com as seguintes palavras ou expressões debaixo dos corpinhos: *tozosr, orla la, tolora, noror, ou aus* e *oleios*. Não há nenhuma língua que possua todas essas palavras. Entretanto, seguindo as indicações de Gerard Cheshire, paleógrafo e filólogo da Universidade de Bristol, se usarmos conjuntamente o catalão, o romeno e o português antigos, elas passam a fazer algum sentido, especialmente tendo em vista o contexto do banho que parece não agradar às crianças, o que não mudou muito da Idade Média até hoje: *tozosr* poderia ser o *tozos* do catalão medieval, que indica um zumbido barulhento; *orla la* é a nossa "orla", evocando algo que está no limite, a exemplo da paciência de uma das mulher que banha certa criança;

tolora seria uma forma do português "tolo"; *noror* viria do romeno e significaria algo como "nublado", "opaco", "triste"; *ou aus* é o catalão antigo para "pássaro dourado", equivalendo a uma metáfora para "bem comportado"; e *oleios*, também português antigo, se associa à ideia de escorregadio, oleoso.

É claro que essa "sacação" não funciona no livro todo. Contudo, de maneira muito especial, tal procedimento aponta para algo importante, indicando-nos que não há princípio nem fim, pois todas as coisas, como as línguas neolatinas, se tocam, se transformam, entram em contato. O *Código Voynich* é um magnífico fóssil linguístico capaz de materializar essa continuidade de tudo em tudo, desinstituindo a limitação que o significado impõe ao significante (problema de identidade) e o poder hierárquico que o significante exerce sobre o significado (problema de início e fim), apontando assim para uma experiência sensível, visual, fônica e estética em que a palavra ilegível se mostra em toda a sua potência enquanto palavra futura que nada tem a dizer, nada significa, simplesmente se (de)põe de maneira incessante, abrindo-nos, de modo provocador e risonho, um acesso à serenidade.

Tomando o antigo *Código Voynich* como uma assinatura arqueológica capaz de ativar no presente a sua potência, podemos dizer que em nossa época os livro já não existem para ensinar mediante o estabelecimento de relações hierárquicas entre o leitor e o escritor, mas para encantar, para seduzir, para mesclar, processos em que o mero entendimento quantitativo não tem lugar. O livro do futuro é então o livro belo, o livro que pode ser saboreado, experimentado, compartilhado em seus mistérios e em sua eloquente mudez, a exemplo de vários que citei neste trabalho – *Atalanta fugiens*, *Mutus liber*, *Aurora consurgens* etc. – e como este que o leitor segura entre suas mãos, o qual não ostenta pretensões acadêmicas, teóricas ou técnicas. Este livro não tem nenhum objetivo, não foi feito tendo em vista quaisquer finalidades. Simplesmente existe. Floresce. Como a rosa de Angelus Silesius.[67]

---

[67] Refiro-me aqui ao citadíssimo verso do padre renascentista e místico alemão Angelus Silesius (1624-1677), segundo o qual: "A rosa é sem porquê, floresce porque floresce". No original: "*Die Rose ist ohne warum; sie blühet weil sie blühet*". Trata-se do dístico I.289 da obra *O peregrino querubínico*, muitas vezes atribuído ao Mestre Eckhart (1260-1328), teólogo alemão medieval. Eu mesmo já fiz esta confusão, a qual, contudo, não me parece injustificável no contexto de uma ontologia do impessoal em que o pensamento é comum e não apropriável por determinado autor.

FAZER O SEU TEMPO

Nesse sentido, propriamente moderno não é tanto quem se contrapõe ao antigo, mas aquele que compreende que só quando algo "fez o seu tempo", se torna verdadeiramente urgente e atual. Somente nesse ponto o ritmo do ser pode ser conhecido e apreendido enquanto tal. Nós estamos hoje nessa situação epocal extrema e, todavia, parece que os homens não conseguem tomar consciência e continuam a ser cindidos e divididos entre o velho e o novo, o passado e o presente. Arte, filosofia, religião, política fizeram o seu tempo, mas apenas agora nos aparecem em sua plenitude, apenas agora podemos atingir, a partir delas, uma nova vida.[68]

[68] AGAMBEN, *L'uso dei corpi*, p. 225.

Manuscrito Voynich

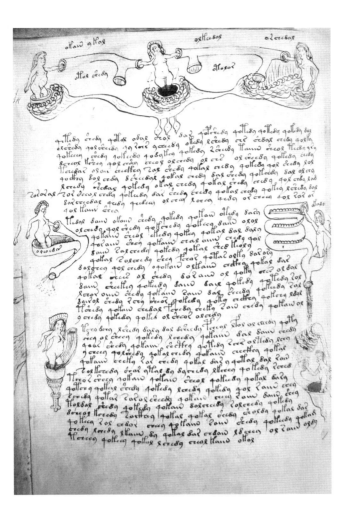

Manuscrito Voynich

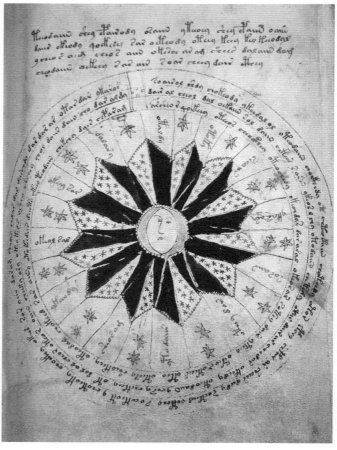

Manuscrito Voynich

Manuscrito Voynich

Epílogo: sopradores

Poucas correntes do pensamento foram tão atacadas, vilipendiadas e ridicularizadas como a alquimia, desde que surgiu até os dias atuais. E não me refiro apenas à previsível hostilidade de padres, cientistas, filósofos e do povo em geral, amedrontado pela postura altiva dos alquimistas que pouco se diferenciavam de bruxos ou satanistas e, não nos esqueçamos, tinham muitas mulheres nas suas fileiras. Mesmo entre os próprios alquimistas havia batalhas e ódios intensos. De nenhuma maneira se pode pensar neles como integrantes de uma tradição homogênea. Ao contrário, os alquimistas se dividiam em vários grupelhos, quando não em inúmeras singularidades, cada qual muito diversa das outras, cada qual comprometida em misturar coisas diferentes e incompatíveis: metais, cristianismo, urina, paganismo, orvalho, cores, sangue menstrual, plantas, invocações, arte, música, terra, corpos, ciência etc. Apesar disso, podemos separá-los em dois grandes grupos: os que se dedicavam ao estudo teórico, mais voltados para temas místicos, religiosos e filosóficos, e que encaravam o discurso alquímico como uma série de metáforas que evocariam o complexo processo de purificação espiritual do ser humano; e aqueles que se ocupavam com tarefas práticas, sem muito rebuscamento teórico, e passavam seus dias em abafados laboratórios onde frequentemente encontravam a morte graças a envenenamentos e explosões. Estes últimos, maldosamente chamados de "sopradores" pelos primeiros, em referência às práticas de criação e modelagem do vidro que muito ganharam com os alquimistas – em especial os de Veneza –, seriam os bisavós dos atuais químicos. Já os "teóricos" seriam os antecedentes de psicanalistas como Jung & Cia. Notemos que eu disse, nos dois casos, *seriam*, pois os alquimistas não têm herdeiros, e se os tivessem, estariam mais próximos de pensadores heterodoxos que, como Simone Weil, Gilles Deleuze, Georges Bataille e Giorgio Agamben, são rejeitados pela oficialidade universitária ou capturados seletivamente nas aulas de estética, história da religião, psicanálise e outras modas, de maneira a despotencializar o conteúdo delirante, ridículo, místico, pessimista e "pouco rigoroso" de seus discursos, que não podem ser inseridos sem fricções no quadro linear e ordenado que ilustra a portentosa "história da filosofia".

Além da secular campanha de ridicularização da alquimia – que afinal não é algo tão ruim assim, se nos lembrarmos do trecho de Benjamin sobre o caráter revolucionário das ideias mais ridículas de certo tempo (o que dizer da *intensidade revolucionária* de uma ideia tida por ridícula não em um tempo específico, mas em *todos* os tempos?) –, impressiona a vulgaridade, a feiura e o descuido com que ela hoje é tratada. Para comprovar o que estou dizendo, sugiro ao leitor que faça uma simples experiência e digite a palavra "alquimia" em algum *site* de vendas massiva de livros como a *Amazon*. Logo perceberá que muitas das obras que ali aparecem têm capas e projetos gráficos vergonhosos, sem qualquer preocupação estética e, pior ainda, excetuando uns poucos voltados para as áreas de psicologia e psicanálise (com capas igualmente sofríveis), boa parte diz respeito a duvidosas estratégias individualistas e neoliberais para enriquecer, com o que se retoma, dessa vez enquanto tragicomédia cafona, a velha esperança da crisopeia, que prometia transformar os metais rudes em ouro. Há também, claro, os mais variados manuais que aproximam a alquimia do tarot, da bruxaria, da yoga e de outras "artes ocultas" que o leitor, por algumas dezenas de reais, pode descobrir e aplicar à sua vida. É assim que a alquimia foi recepcionada pela cultura contemporânea: como mais um elemento do grotesco, do *kitsch*, do brega, daquilo que, nem cultura popular nem alta cultura e muito menos saber esotérico, se perde no caudal indiferenciado e sem aura da massificação mais obscena que se possa imaginar, despotencializando-se dessa maneira discursos e formas-de-vida que, se tomados em suas verdades, seriam não só incompatíveis com o capitalismo, mas francamente hostis e antagônicos em relação a ele, como espero ter demonstrado em alguma medida neste ensaio. Aqueles que, doutores universitários ou doutores leigos formados pelas redes sociais, zombam da alquimia, vendo nela uma confusa coleção de ideias atrasadas, irracionais e, no final das contas, dignas de riso e pena, realizam o trabalho sujo da intolerante religião do capital, que só aceita coisas diferentes de si na medida em que, delas burlando e caçoando como o desprezível *bully* que é, as apresenta enquanto curiosidades inofensivas, excentricidades divertidas e pouco sérias, despojadas de qualquer poder concreto de transformação social e cujo destino seria colaborar modestamente para a confecção de mais alguns desses tolos *memes* que infestam o espaço virtual.

É contra isso que este livro foi escrito, pensado e, principalmente, imaginado. Não quis nem estou capacitado para apresentar uma teoria geral da alquimia que, de resto, seria inútil, pois tal texto erudito se destinaria a especialistas e estudiosos que, independentemente de seu óbvio valor enquanto investigadores, tratam a alquimia como um objeto de estudo, ou seja, algo separado de si e sujeito a procedimentos exegéticos os mais refinados, mas que não transformam quem os pratica e profere discursos tão despotencializados quanto aqueles característicos dos professores universitários de filosofia que a tratam enquanto uma árdua série de nomes, datas e teorias, nem lhes passando pela cabeça, como passou – talvez um pouco tarde, é verdade – pela do último Foucault a possibilidade de *viver a filosofia*. O objetivo – e o desafio – deste livrinho é outro, e consiste em despertar no leitor o desejo de *pensar diferente*, o que somente um campo gravitacional como o da alquimia, claramente obscuro, familiarmente estranho e ridiculamente sublime, pode proporcionar. *Pode* proporcionar, e tal significa que pode também *não* proporcionar. Trata-se de uma aposta consistente em escavar os subterrâneos do pensamento e trazer à luz o indizível, o inassimilável, o invisível, o interdito da alquimia, que nossa época, perdida em um debate estéril e fundamentalista entre a fé na ciência e o mergulho na opinião do rebanho alimentado por *fake news*, não consegue aceitar nem compreender. Isso porque a alquimia não é, rigorosamente, nem verdadeira nem falsa. Não é somente laboratório ou apenas misticismo. É e não é pagã, é e não é cristã. É texto que se contempla e imagem que se lê, além de música que não-não se escuta: harmonia das esferas?

A alquimia se afasta dos extremos porque ela não é nada de forma definitiva, está sempre *sendo*, está continuamente se pondo e se depondo, engolindo a própria cauda, se digerindo, se matutando, está sempre "entre", no limiar, na terra de ninguém (que bela expressão!) onde se gestam teimosamente as sublevações não só do pensamento, mas da sensibilidade e dos modos de ser, nesse *intermezzo* que nega todo princípio, todo fim e, portanto, todo fundamento e comando. Daí o caráter *an-árquico* das coisas que, mais do estar *entre*, *são* um tipo de *entre*. Uma vez mais, coincidimos com essa inflamação na história da filosofia que se chama *Mil platôs*: "Fazer tábula rasa, partir ou repartir de zero, buscar um começo, ou um fundamento, implicam uma falsa concepção da viagem e do movimento (metódico, pedagógico, iniciático, simbólico...). Kleist, Lenz ou Büchner têm outra maneira de viajar e também de se mover, partir do meio, pelo meio, entrar e sair, não começar nem terminar. [...] É que o meio não é uma média; ao contrário, é o lugar onde as coisas adquirem velocidade. *Entre* as coisas não designa uma correlação localizável que vai de uma para outra e reciprocamente, mas uma direção perpendicular, um movimento transversal que as carrega uma *e* outra, riacho sem início nem fim, que rói suas duas margens e adquire velocidade no meio".[69]

Não espero que alguém, depois de ler este livro, monte seu próprio laboratório alquímico e passe a viver como Paracelso, ainda que, se o fizer, não haverá mal nenhum nisso. Minha intenção é bem mais modesta; não objetivo convencer, horrível palavra que deriva de "vencer", como se o diálogo fosse uma luta e não uma específica vibração entre os seres. Limito-me apenas a mostrar, a sugerir, a aludir – a abrir uma janela, uma fenda, uma fratura na temporalidade única e maçante da religião capitalista que, se não for desafiada, congelará as formas, fixará as verdades e impedirá, com seus venenos metafóricos e reais, que *a mar* do ser continue a fluir. Diante disso que está aí, pronto para nos sacrificar por um punhado de dólares, se levantam as contra/políticas da alquimia.

[69] DELEUZE; GUATTARI, *Mil platôs 1*, p. 49.

DEUS SABOREIA-SE

Deus saboreia-se, diz Eckhart. É possível, mas o que ele saboreia parece-me que é o ódio que ele tem de si mesmo, ao qual nenhum, cá na Terra, pode ser comparado [...]. O que, no fundo, priva o homem de toda possibilidade de falar de Deus é que, no pensamento humano, Deus torna-se necessariamente conforme ao homem, na medida em que o homem é cansado, faminto de sono e de paz. [...] Deus não encontra repouso em nada e não se sacia com nada. Cada existência está ameaçada, já está no nada da Sua insaciabilidade. E assim como Ele não pode se acalmar, Deus não pode saber (o saber é repouso). [...] Ele só conhece o seu nada, e por isto Ele é, profundamente, ateu: Ele cessaria tão logo de ser Deus (só haveria, no lugar da Sua horrível ausência, uma presença imbecil, abobalhada) se Ele se visse como tal.

Trechos de *A experiência interior*, de Georges Bataille, selecionados por Cláudio Willer, a cuja memória dedico este livro.

Alchymia, Andreas Libavius, 1606

Tractatus theologo-philosophicus, Robert Fludd, 1617

Musaeum hermeticum, 1625

Theosophische Wercken, Jacob Böhme, 1682

REFERÊNCIAS

AGAMBEN, Giorgio. *Filosofia prima filosofia ultima*: il sapere dell'occidente fra metafisica e scienze. Torino: Einaudi, 2023.

AGAMBEN, Giorgio. *L'uso dei corpi*. Vicenza: Neri Pozza, 2014

ALCIATO, Andrea. *Il libro degli emblemi*: secondo le edizioni del 1531 e del 1534. Trad. Mino Gabriele. Milano: Adelphi, 2009.

AUBENQUE, Pierre. *Le problème de l'être chez Aristote*. Paris: Presses Universitaires de France, 1966.

BATAILLE, Georges. *A experiência interior*. Trad. Celso Libânio Coutinho, Magali Montagné e Antonio Ceschin. São Paulo: Ática, 1992.

BATAILLE, Georges. *Théorie de la religion*. Paris: Gallimard, 1970.

BENJAMIN, Walter. A vida dos estudantes. Trad. Eloá di Pierro Heise e Willi Bolle. In: BENJAMIN, Walter. *Documentos de cultura, documentos de barbárie*: escritos escolhidos. São Paulo: Cultrix/Universidade de São Paulo, pp. 151-159, 1986.

BENJAMIN, Walter. *Charles Baudelaire*: un poeta lirico nell'età del capitalismo avanzato. Eds. Giorgio Agamben, Barbara Chitussi e Clemens-Carl Härle. Vicenza: Neri Pozza, 2012.

BEY, Hakim. *TAZ*: zona autônoma temporária. Trad. Patricia Decia e Renato Resende. São Paulo: Conrad, 2001.

CLEMENS, Raymond (eds). *The Voynich manuscript*. New Haven: Yale University/Beinecke Rare Book & Manuscript Library, 2016.

DELEUZE, Gilles; PARNET; Claire. *Diálogos*. Trad. Eloisa Araújo Ribeiro. São Paulo: Escuta, 1998.

DELEUZE, Gilles; GUATTARI, Félix. *Mil platôs*. Vol. 1. Trad. Ana Lúcia de Oliveira, Aurélio Guerra Neto e Célia Pinto Costa. São Paulo: Editora 34, 2011.

DELEUZE, Gilles; GUATTARI, Félix. *Mil platôs*. Vol. 2. Trad. Ana Lúcia de Oliveira e Lúcia Cláudia Leão. São Paulo: Editora 34, 2011.

DELEUZE, Gilles; GUATTARI, Félix. *O que é a filosofia?* Trad. Bento Prado Jr. e Alberto Alonso Muñoz. São Paulo: Editora 34, 2011.

ELIADE, Mircea. *Encyclopedia of religion*. 16 vols. New York: Macmillan, 1987.

FRANZ, Marie-Louise von. *Aurora consurgens*: le lever de l'aurore. Edition, traduction et commentaire d'un traité alchimique attribué à Saint Thomas d'Aquin. Trad. Etienne Perrot et Marie-Martine Louzier. Paris: La Fontaine de Pierre, 1982.

GABRIELE, Mino. Introduzione. In: ALCIATO, Andrea. *Il libro degli emblemi*: secondo le edizioni del 1531 e del 1534. Trad. Mino Gabriele. Milano: Adelphi, pp. XIII-LXXII, 2009.

GODWIN, Joscelyn. Introducción. In: MAIER, Michael. *La fuga de Atalanta*. Trad. María Tabuyo y Agustín López. Girona: Atalanta, pp. 11-62, 2016.

GODWIN, Joscelyn. *Macrocosmos, microcosmos y medicina*: los mundos de Robert Fludd. Trad. María Tabuyo y Agustín López. Girona: Atalanta, 2018.

HEIDEGGER, Martin. *Che cos'è metafisica?* Trad. F. Volpi. Milano: Adelphi, 2005.

HEIDEGGER, Martin. *Identità e differenza*. Trad. G. Gurisatti. Milano: Adelphi, 2009.

HOBBES, Thomas. *Leviathan*. Reprinted from the edition of 1651. Oxford: Oxford University, 1965.

JUNG, Carl Gustav. *Entrevistas e encontros*. Ed. William McGuire e R. F. C. Hull. Trad. Álvaro Cabral. São Paulo: Cultrix, 1982.

JUNG, Carl Gustav. *Ab-reação, análise dos sonhos, transferência*. Obras completas 16.2. Trad. Maria Luiza Appy. Rev. técnica Jette Bonaventure. Petrópolis: Vozes, 1999.

JUNG, Carl Gustav. *Psychology and alchemy*. Trad. Gerhard Adler e R. F. C. Hull. Princenton: Princenton University, 1968.

KANT, Immanuel. *Metafísica dos costumes*. Trad. Clélia Aparecida Martins, Bruno Nadai, Diego Kosbiau e Monique Hulshof. Petrópolis: Vozes; Bragança Paulista: Editora Universitária São Francisco, 2013.

KLOSSOWSKI, Pierre. *Le Baphomet*. Paris: Le Mercure de France, 1965.

KOJÈVE, Alexandre. *Introdução à leitura de Hegel*. Trad. Estela dos Santos Abreu. Rio de Janeiro: Contraponto/EDUERJ, 2002.

LÉVI, Éliphas. *Dogma e ritual da alta magia*. Trad. Rosabis Camaysar. São Paulo: Pensamento, 2007

LEVRERO, Mario. *Cuentos completos*. Barcelona: Penguin Random House, 2019.

LUCK, Georg. *Arcana mundi*: magia y ocultismo en el mundo griego y romano. Trad. Elena Gallego Moya e Miguel E. Pérez Molina. Madrid: Alianza, 2023.

MAIER, Michael. *La fuga de Atalanta*. Trad. María Tabuyo y Agustín López. Girona: Atalanta, 2016.

MATOS, Andityas Soares de Moura Costa. *Representação política contra democracia radical*: uma arqueologia (a)teológica do poder separado. 2. ed. Belo Horizonte: Fino Traço, 2020.

PANDIELLO, María. *Visiones de fuego*: historia ilustrada de la alquimia. Madrid: La Felguera, 2022.

PATAI, Raphael. *Os alquimistas judeus*. Trad. Maria Clara Cescato e Diana Souza Pereira. São Paulo: Perspectiva, 2009.

PATRIAU, Gustavo Faverón. *El orden del aleph*. Barcelona: Candaya, 2021.

PLATÃO. *O banquete*. Trad. Carlos Alberto Nunes. Belém: Universidade Federal do Pará, 2001.

PLOTNITSKY, Arkady. Chaosmologies: quantum field theory, chaos and thought in Deleuze and Guattari's "What is Philosophy?", *Paragraph*, v. 29, n. 2, pp. 40-56, 2006.

PRINCIPE, M. Lawrence. Transmuting chymistry into chemistry: eighteenth-century chrysopoeia and its repudiation. *International Conference on the History of Chemistry* (6:2007): Neighbours and Territories. Louvain-la-Neuve: Mémosciences, pp. 21-34, 2008.

RAMPLING, Jennifer M. Alchemical traditions. In: CLEMENS, Raymond (eds.). *The Voynich manuscript*. New Haven: Yale University/Beinecke Rare Book & Manuscript Library, p. 45-51, 2016.

ROLA, Stanislas Klossowski de. *Alquimia*: a arte secreta. Trad. Luso-Espanhola de Traduções e Serviços. Madrid: Edições del Prado, 1996.

ROLA, Stanislas Klossowski de. *El juego áureo*: 533 grabados alquímicos del siglo XVII. Trad. José Antonio Torres Almodóvar. Madrid: Siruela, 2004.

ROOB, Alexander. *O museu hermético*: alquimia & misticismo. S.l. (Portugal): Taschen, 2006.

SADE, Marquês de [Donatien Alphonse-François]. *Diálogo entre um padre e um moribundo e outras diatribes e blasfêmias*. Trad. Contador Borges. São Paulo: Iluminuras, 2001.

SCHÜRMANN, Reiner. *El principio de anarquía*: Heidegger y la cuestión del actuar. Trad. Miguel Lancho. Madrid: Arena, 2017.

SPINOZA, Baruch. *The collected works of Spinoza*. Vol. I: ethica. Ed. e trad. Edwin Curley. Princeton: Princeton University, 1985.

TORRANO, Jaa. A noção mítica de kháos na teogonia de Hesíodo. *Ide*, v. 35, n. 54, pp. 29-38, 2012.

UPANIṢADS. Ed. e trad. Patrick Olivelle. London: Oxford University, 2008.

WITTGENSTEIN, Ludwig. *Pensieri diversi*. Trad. Michele Ranchetti. Milano: Adelphi, 1980.

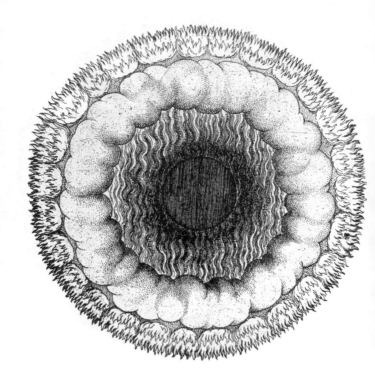

Andityas Soares de Moura Costa Matos é Doutor em Direito e Justiça pela Universidade Federal de Minas Gerais e Doutor em Filosofia pela Universidade de Coimbra. Atua como Professor Associado de Filosofia do Direito e disciplinas afins na Faculdade de Direito e Ciências do Estado da UFMG e é membro do Corpo Permanente do Programa de Pós-Graduação em Direito da mesma instituição. Foi Professor Visitante na Universitat de Barcelona (2015-2016) e na Universidad de Córdoba (2021-2022), bem como Professor Residente no Instituto de Estudos Avançados Transdisciplinares da UFMG (2017-2018). Convidado como palestrante por diversas universidades estrangeiras, tais como a Universitat de Barcelona, a Universitat de Girona e a Universidad de Buenos Aires. Bolsista de Produtividade do Conselho Nacional de Desenvolvimento Científico e Tecnológico (CNPq). Autor de *Para além da biopolítica* (2021, em coautoria com Francis García Collado) e *A an-arquia que vem* (2022), ambos publicados pela sobinfluencia.

© **sobinfluencia para a presente edição**

COORDENAÇÃO EDITORIAL
Fabiana Vieira Gibim, Rodrigo Corrêa e Alex Peguinelli

PREPARAÇÃO
Alex Peguinelli

REVISÃO
Fabiana Gibim

PROJETO GRÁFICO
Rodrigo Corrêa

EQUIPE SOBINFLUENCIA
Leticia Madeira (Comercial) e Ana de Assis (Comunicação)

**Dados Internacionais de Catalogação na Publicação (CIP)
de acordo com ISBD**

M433c   Matos, Andityas
        Contra/políticas da alquimia / Andityas Matos. - São Paulo :
        sobinfluencia edições, 2023.
        152 p. : 19cm x 21cm.

        Inclui bibliografia.
        ISBN: 978-65-84744-26-4

        1. Filosofia. 2. Política. 3. Alquimia. 4. História. I. Título.

2023-2591   CDD 100
                                           CDU 1

Elaborado por Odilio Hilario Moreira Junior - CRB-8/9949

Índice para catálogo sistemático:

1. Filosofia 100
2. Filosofia 1

---

sobinfluencia.com

Este livro é composto pelas fontes minion pro e
neue haas grotesk display pro e foi impresso
pela Graphium no papel lux cream 70g,
com uma tiragem de 500 exemplares